民国佛学讲记系列

江味农／讲述

金刚经讲义

上

上海古籍出版社

图书在版编目(CIP)数据

金刚经讲义/江味农讲述．—上海：上海古籍出版社，2014.1（2025.5重印）
（民国佛学讲记系列）
ISBN 978-7-5325-6852-9

Ⅰ.①金… Ⅱ.①江… Ⅲ.①大乘—佛经 ②《金刚经》—研究 Ⅳ.①B942.1

中国版本图书馆CIP数据核字(2013)第110360号

民国佛学讲记系列
金刚经讲义
（全三册）

江味农 讲述
上海古籍出版社出版发行
（上海市闵行区号景路159弄1-5号A座5F 邮政编码201101）
(1) 网址：www.guji.com.cn
(2) E-mail：guji1@guji.com.cn
(3) 易文网网址：www.ewen.co
上海展强印刷有限公司印刷
开本 787×1092 1/32 印张 26.25 插页 15 字数 399,000
2014年1月第1版 2025年5月第12次印刷
印数：15,801-17,900
ISBN 978-7-5325-6852-9

B·821 定价：120.00元

如发生质量问题，请与承印公司联系
电话：021-66366565

非"依他起"的民国佛教
（代出版前言）

民国佛学，无论是放在两千多年的中国佛教史中考察，还是置于近现代中国思想文化系统内比照，都是那样地特色鲜明而不容忽视。然而，我们对还不及百年的民国佛教，真的有清晰的认识了吗？在出版界、文化界所呈现的一片"民国热"中，民国佛教是否真正得到了应有的重视？答案则是不尽人意的。这两方面的不相应，触发了我们以民国佛教界的佛教著作为主体，选编一套丛书的想法。

应当说，民国佛教所具有的丰沛意涵，它在当时文化生态中所表现出来的那种特有姿态，以及对今人所能带来的诸多启迪，绝对不局限于佛教界。然而，在佛教的价值被严重低估的今天，今人对佛教，尤其对是民国佛教的了解与认识，多囿于非个中人套用西学模式的阐释。因此,选编以民国教界为主的佛学著作(以教界的立场,佛学即是佛教),就是希望另开一扇窗,让读者能够看到反映那个时代佛教原生态的文本,从而能更全面地在当时的历史文化大背景中去回顾与考量民国佛教的历史,体味它的精神价值与特色所在。

结合历史文化的背景论衡民国佛学的价值与特色,契入的角度应该很多,可以是历史的,也可以是社会的;可以是思想的,也可以是学术的。但无论哪个角度或者是综合的考察,都可以明显地感受到,那是一个正处在剧烈变化动荡中的时代,用时兴的语言来说,就是正处在一个前所未有的转型期中。

时人身处于这种处处求"变",处处在"转"的大环境中,虽有自觉或不自觉,主动或随流之分,但大都明显地交织着中与西、传统与现代之间的纠结与困惑,还多少带有一种"随风飘零"、"无可奈何"的况味在。这种状态,即使不能完全说是"做不得主",但自信度不足则或多或少应该是有的。而思想文化界在那种被动语态下所生发的思考及对应性研究,也往往都是外缘性的,也多少让人觉得有"气短"之感。

所谓外缘性,其具体的表现往往有以下这些方面:在讨论问题、寻求原因时,其基本的问题意识总体上偏重于时代性、文化性,而缺乏超越性与本质意义上的思考,即因过于注重功利实效而遮蔽了理念理想这些根本性的问题;夸大工具理性的作用,而对价值理性常有忽视;太在意于向西学靠,习惯于套用人家的话语来说自家的问题;因刻意追求所谓的学术规范,致使本质性的问题反被忽略;过于强调以某一类单一的学术规范(也是西化的)为标准,来替代学术表达的多样性;重学术而轻思想,强调技术性专业性而掩盖思想的欠缺与贫乏,如此等等。虽然,这些表现在民国时代,较之现今还不算十分突出,但性质相近。就此而言,可以借用挑战—回应模式来概括晚清民国时期思想文化界的特点。又因为,那些外缘性的研究虽然类型各有不同,有中西论衡式的,也有取现代与传统相对峙的框架做比对考量的,更有将两者同构叠加的,然而在本质上,都可以归结为是在某种压力下的被动式,所以,又可借用佛教唯识学"依他起"的概念为其定性。在此,我们无意讨论这种为迎合而有的调适或策略究竟会带来怎样的结果。指出上述文化现象,是企望先为读者提供民国佛教(学)所处时代的历史文化背景,从而可以在比较之中更深切地了解佛教界在那个时代其弘教风格的特色所在。

至于这种外缘性的研究表现在佛学上的特点,往往是依西学的分科法,将佛教视为一外在的、客观的对象,予以被尊之为纯学术的研究。较有代表性的如汤用彤先生、吕澂先生等(他们的前辈欧阳竟无居士类型较复杂)。虽然这些前辈与二十世纪后叶大陆佛教学者有所不同,他们对佛教的内在价值并非视而不见,也不排斥,但总体上还是将佛教信仰一路置于视线之外的。与前一类不同,另一类则保持传统佛学之一贯,谨守佛教立场,依佛法的内在理路,结合着人生及时代问题来阐说佛法佛理,始终以信仰与解脱为中心与重心,以佛教固有的话语来阐扬佛教的精神与价值。这个特色,就是非外缘性的、即非"依他起"的弘教风格。与前者其影响多在部分之学术界有异,后者则在更广泛的社会层面上发生作用。应该说,两者各有形态,各有特色,也各有范域,共同构成了民国佛教的整体。但真正能体现佛教之内在精神,则还是应以后者为代表。

　　当然,以上的划分只是一个大概,或者说是一种方便说法。就当时而言,两者的影响或作用也常常会交替地发生。且学术研究并非与信仰对立,顾此也并非必然失彼,两者兼顾而一样地能有卓越成就如印顺导师者,即是二十世纪佛教研究的典范。再如江味农居士的《金刚经讲义》，既保持了传统讲经的特色，在教言教，凸显佛教第一义，又注重对现代学术成果的汲取及现代学术方法的活用，同样是两不相碍的。可惜的是，这种学风，传承者鲜，以致当今学界与出版界，对民国学术界的佛学研究虽不乏重视，而对教界的成果却几无关注、甚至缺乏基本的了解；尤其是对那些纯以弘法为务的讲经说法类著作，似乎根本不在其视域之内。然而，我们恰恰认为那类弘法性著作，以其非"依他起"的性质，才能彰显佛教的精神，也最能代表民国佛教的特色，舍此必不能全面地认识当时的佛教何以能立足于当代，也不能真正看清民国佛教的价值所在。

还需指出的是，将民国佛教定性为非外缘性，并不等于说民国佛教的姿态都是"独来独往"，与世隔绝地"自说自话"；也并非无视资取西方现代学术方法和理论从事佛学研究所获得的成果。在世间范围内，任何存在的价值都是相对的，究竟以何种方法来阐发佛学更为有效，非三言两语就能说清，因此，对民国期间所存在的两种研究倾向之高下暂不予评说。在此仅想说明，在思想文化界主流的话语都是外缘性，亦即"依他起"的大背景下，佛教界却始终以自己的方式说着自己要说的话,而这种看似"异样"其实正常的叙事方式,很显然地透现,在那个"大转型"的时代,另有一种"不转"的可能性与存在维度;后者在展现其独特的价值及风采之同时,更为我们提供了在世界格局下不同文化之间交流的经验。

以下,试就本丛书第一辑所选的读本作具体的申论。

先说作者。首辑四种,除上文已提到的江味农居士的《金刚经讲义》外,还有谛闲法师的《圆觉经讲义附亲闻记》、太虚法师的《药师经讲记》和黄智海居士的《阿弥陀经白话解释》。所选作者,都有一定代表性。如谛闲法师既为晚清民国佛学泰斗,又被视为"旧派"佛教的代表人物,在当时即倍受教、学两界推崇;而相对"旧派佛教",太虚法师则为民国"新派佛教"的领袖人物,且在国际上也有相当的影响,是研究现代中国佛教绕不过的人物。另两位江味农居士和黄智海居士,则是民国佛教居士界的重要人物;而居士佛教的勃兴,实乃民国佛教之一大特色。取两僧两俗为代表,不乏典型意义。

再说文本。如《圆觉经》为大乘佛教的重要经典,自唐佛陀多罗译出后,历代各宗各派多有疏解讲习。此经因主张一切众生皆有"如来圆觉妙心"(《普贤章》),被后世判教者划为华严部。谛闲法师以一天台大家（四十三代传人）详解是经，且不说内中称性发挥，俯拾可见的精彩思想，仅其依循台宗家法，严守法度的讲经风格，读者便能一见佛学研究的原生态。谛闲法师一生讲经无数，风格始终一贯，据当时教界媒体记载，法师每讲经，听众往往以千记，时有轰动，效果之佳，或能令当今在"大讲堂"上走红者歆羡。

如果说谛闲法师是一位倾向于传统型的高僧，他习惯于旧有的讲经论学的方法，乃情理中事，那么，思想和眼界都很"新潮"的太虚法师，一贯强调要以人间佛教的理念弘法传教，著作中也每多谈论西学，但在讲经时却全取传统的科判方式，条分缕析，一板一眼，而全无"新潮"之态，那就很值得玩味了。这是否意味着，在虚大师的眼里，那种"新潮"的表述方式，于弘法说教、续佛慧命之实践并非对机、适宜，或至少是效果欠佳，难尽人意呢？其实，虚大师在《评（梁启超）大乘起信论考证》一文中就有过这样明确的说法："吾以哀日本人西洋人治佛学者，丧本逐末，愈趋愈远，愈走愈歧，愈钻愈晦。"虚大师实际上指出了，适应时代的内涵阐发与坚守传统的讲学理路，不仅可能兼容不悖，而且可以相得益彰。新有新的意义，但坚持（或保守）更有坚持（或保守）的价值。如本丛书选其《药师经讲记》,从目录上看:甲乙丙丁、悬论、叙请(序)分、正说(宗)分、流通分……层次历然,格式完全是旧式的,毫无"现代感"可言。而在内在的理路上,则始终以佛教信解行证、教理行果来组织问题并展开说明,同样显得很不"现代"。

然而不得不要说的是,虚大师此书所透出的理念,又是很现代的。在佛教契理契机的原则指导下,大师始终认为,现代社会对佛教的开展首先应着重于现实人生问题的关注,即生死解脱的实践首先得从"生"的对治开始。而一切"生"的问题,都是现实问题。所以,佛教的弘法手段及其自身的生存发展,不仅应有与现代社会相契合的特点,而且尤需注意佛教与"现代人类生活相资相养之关系(参见《药师经讲记》"悬论"一"缘起")。虚大师这种对于佛教践行的开放性、现代性与对于佛学研究的保守性,看似矛盾,其实透现出大师级教内佛学家优游于现代又不为现代压力所动的那份从容与自信。而这种自信与从容,并不仅仅体现于一二高僧身上。如江味农居士在《金刚经讲义》中这样说:"今日欲救人心,挽回世运,惟有弘扬佛法,以其正是对症良方故也。"(页349)且"正以对病之故,恰与人情相反"(同上),所论明确宣示了不迎合,不媚俗之佛教精神。也因此,秉承佛教传统,用佛教自己的话，说佛教该说的事，所谓"在教言教"，在当时的佛教界，也实在是最自然不过的事。于是便有了那份淡定从容、自重自信。这一点，在黄智海居士的《阿弥陀经白话解释》中也有同样的体现。

《阿弥陀经》，是中国佛教净土宗的一部重要经典，在大众社会影响很大。此经为引导、提振信众的信心，对西方佛国殊胜的描述具体详尽。如对于没有佛教信仰，或未能全面了解佛教的读者来说，佛国的奇特完全超出常识，会感到不可思议，甚至难以信受。"白话解"的受众当然大都并非深于佛学者，然而作者并没有回避那些与世俗常识不一致的内容，因为他深知《阿弥陀经》中的佛国胜景所示的是先觉者功德圆满的果报，亦即佛教实践逻辑的应然与必然，它启迪着人们因信仰而敞开其实践生命，并使之有无限拓展的可能性。而就信仰者言，西方佛国的殊胜也正是其美好的愿景。也因此作者不刻意去考虑修辞策略，依然严格按佛教的知识体系来解释其中的名相，不讨巧，不迎合，纯粹而又坚定；唯一的随缘变通，就是用白话形式作为方便，而方便的目的，也正是为了使受众便于接受经典的精义。

站在佛教角度看，这本得到近代高僧印光大师肯定并推荐的著作，其表达方式的纯佛教化，内容的合法（佛）理化，在在彰显了佛教自我存在的理由与价值指向，这对于一位弘法者而言，本来平常，但放在近代以来科学主义当令的大背景下看，如果没有信仰的坚定与知见的精到，那实在是很难做到的。有幸的是，这本"白话解"，与江味农居士的《金刚经讲义》，在当时即被视为民国居士讲（解）经著作的双璧，并一版再版，其受欢迎的程度，已足以说明问题。而如果我们超越信与不信那种简单的价值分判，扩大到更广泛的文化层面，从诸如宗教现象学、宗教社会学、知识社会学等角度去理解把握佛教信仰系统及其知识谱系的特点，那么，像"白话解"这类著作，对于以宗教为核心的多学科研究，无疑也是一类相当有价值的文本。这也就是说，民国佛教界这类讲经弘法著作，它所提供给我们的信息是多重的，即从这个层面上讲，也足以作为一种经典传世。

从以上对文本的述介中，读者或已能看出，民国佛学非依他起的特质，其表征，首先体现在表述形式，即语言的表达上。

我们知道，语言是思想的载体，语言表达思维；但同时，语言也影响思维，甚至能决定思维的方式。而思维方式的改变，会对一个人，乃至整个社会的发展方向发生影响，虽然这个过程可能是缓慢的。换言之,人既是通过语言来理解、认识世界,又是藉着语言来解释、建构世界,并在语言建构的世界中安顿。因此,海德格尔说"语言是存在之家"(《关于人道主义的书信》),伽达默尔更是把人定义为具有语言的存在;顺着这一理路,西方现代语言学明确将语言定性为具有"思想本体性"。这些提法都相当深刻,对于我们理解民国佛教非依他起阐述的必要性与合理性也很有启发。

虽然,在究竟的层面上,佛教认为,语言的基本属性是"假名",是一种"性空"之有,并不具有本体的性质。但佛教因世间而有,在世间层面上,佛教主要还是依靠文字语言的方便来建立并开展整个教法。这是因为,全部佛陀的经教,最终都是由文字语言才得以保存。其次,以手指月,后来的学佛者,因有佛法教理的指示、引领,才能有效地去探究、体认佛法的理体。复次,佛教在世间的开展,文字语言也是历代高僧大德弘教传道的主要工具。总而言之,千百年来,佛教正是在这样的因应发展过程中,形成了一套稳定的话语体系。而佛教正是有了这套稳定且又体系宏大的的言语系统,使其成为一个世界大教,使其能有效地摄受众生。

应该说,每一种文化,都有自身的言语系统,从而使其在与其他文化部类相处中,具有独立的地位与存在价值。同理,佛教如果丢失了自己的一套话语系统,不要说佛教在世间的开展无法进行,甚至不能成其为佛教了。此所以,如历史上像道安大师对格义佛教的批评,鸠摩罗什大师、玄奘大师等高僧对寻求最佳佛经翻译语言的实践探索,如此等等,无一不是为建立佛教自己的言语体系所进行的努力。而出现在民国高僧大德身上那种非依他起的弘教风格,同样具有这样的意义与性质。需要指出的是,这种非依他起的弘教实践,也确实是成功的。试看新文化运动以来,作为中国传统文化重要组成部分的佛教,相比其他传统文化,其稳定性明显高了许多,其很大一部分原因就是传统佛教的那一套话语体系基本上还得以保持着一种稳定态势,即始终以"内在性"的话语谈论佛教有关明心见性、生死解脱的核心问题。这一点,只要稍稍考察一下台湾佛教的情况,就能得到说明。因此,如何维护或建立一套能真正体现自身价值系统的话语体系,如何保持语言的净化与纯化,应是关乎佛教乃至其他文化生存与发展的重大问题,颇值得我们去探索、深思。

罗颢

目录

非"依他起"的民国佛教(代出版前言)/罗　颢　　1

蒋叙/蒋维乔　　1
范叙/范古农　　1
例言　　1
金刚般若波罗蜜经讲义卷一　　1
金刚般若波罗蜜经讲义卷二　　55
金刚般若波罗蜜经讲义卷三　　207
金刚般若波罗蜜经讲义卷四　　515
金刚般若波罗蜜经讲义卷五　　653

金刚经校勘记 791
金刚经校正本跋 807
附:江味农居士传/蒋维乔 810

蒋叙

《金刚经讲义》，为江味农居士之遗著。此著在居士生前，既因病魔时扰，未克写定。殁后，又因种种障碍，几至佚失。是岂无上甚深之秘机，未可轻易宣露，抑众生福薄，未能仰契大法耶。否则何以魔障重重，若是之甚也。

余与居士缔交二十余年，知其一生持诵《金刚经》，独具心得。甲戌之夏，向之启请，讲述大意。余就记忆所及者，归而录之。居士喟然曰：竹本虚心是我师。君字以竹，而虚心若此，可谓名副其实。与其略讲，不如为君详谈。而省心莲社同人，闻知此事，要求公开。遂移座社中正式宣讲，规定每周二次。晚间升座，听者恒数十人。余亦即席笔记，翌日，缮呈居士改正。数月后，居士以改正费力，不若自写。遂于每讲前一日，撰数千字，畀余抄录。余虽仍有笔记，乃无暇整理矣。此法会始于甲戌七月，至乙亥九月圆满。积稿盈尺，居士以为尚须润色，并将初分所缺者补足，方可成书。同人因居士在家，问道者多，因谋另辟静室供养之，俾专心撰述。李君稚莲，闻有是举，发愿独任经费，遂于沪西，租屋三间，右为卧室，中为佛堂，左为讲室，以处居士。期以一年，将此讲义补撰完成。然居士每岁遇黄梅时节必病，病辄数月。病愈，则又悯念南北死难众生，启建大悲道场，虔心超度。因此迁延，卒未脱稿。余与晤时，偶问及此，居士似不愿人之督促者。余知其意，遂不复问。

戊寅首夏，居士复示疾，胃纳不舒。余每隔二三日，往省之，见其病势较往岁为重，深为忧虑。是年五月，寂然往生。家人来治丧，纷乱之中，几失此遗稿所在。余急使人遍觅得之，携回检视，皆为散片，前后间有错乱。同人以余有笔记，多促余补撰成之。但余以事繁，从居士自撰讲义以后，所记之稿，即未暇缮正，当时之速写，日久视之，字迹强半不能认。且在居士生前，余之笔记，尚须俟其改正后，方无错误。今贸然取以续貂，亦有未安。古德遗著，缺略不全，用以付印者，亦多有之，何况此书已成十之六七耶。惟付印必须编会，余日无暇晷,搁置又数月。幸居士之弟子周君清圆,发心任此,因以全稿畀之。逐叶搜讨,随时将经文会入。而清圆亦因在佛前发誓代众生受罪,时时抱恙,不免作辍。录写及半,又因意外波折,几至功亏一篑。至己卯之冬,始将全书录成。魔障如是,终得成书,亦云幸矣。

一日,余偶遇李君稚莲于途,知其自香港来沪,不久即去。因述此稿,已可付印。李君欣然,谓余云:印费由渠任之,倘有人随喜,渠亦不愿独占此功德,留资于省心莲社而去。适范古农居士,避难来沪,寓于社中,商得其同意,任校订之责。遂得于今年六月印成。至书之内容,精深微妙,发前人所未发,随时指示学人切实用功处,皆过来人语。读者展卷自知,毋庸多赘,但述此书始末经过之曲折如此,是为叙。

民国二十九年六月蒋维乔法名显觉写于因是斋

范叙

《金刚般若波罗蜜经》，为《般若经》大部六百卷之一卷，文约而义精，喻为金中之刚，良有以也。六百卷文，汪洋浩瀚，读者难之。此一卷文，家诵户晓，般若深义，庶几弘传矣。自古以来，解此经者，无虑百数。其具异见者无论矣。其契正义者，当以无著、天亲、施功德三论及僧肇、智者、嘉祥三疏为最。嗣后宗泐、憨山、蕅益续法诸师论著，各具精义，要不出于古注者近是。然未有如味农江老居士《金刚经讲义》之殊胜渊博也。讲义发挥般若要旨，既详且尽，又复旁通诸大乘经。其指导学者观照法门，不第禅宗之向上，净宗之一心，皆有所阐发而已。其尤具法眼，发前人所未发者，则台宗判斯经为通别兼圆，贤宗判属始教，而居士独判为至圆极顿之教。庶不背经中所谓如来为最上乘者说也。他如经中文句，云如来，云佛，云世尊，云不也，云佛告须菩提等，为常人所忽略者，居士辄能发明其胜义。顷者省心莲社印此讲义，余助校订，得读其文，不禁欢喜踊跃，叹未曾有。至于依据古本，考订异字，勒为定本，尤为千余年来斯经之功臣矣。曩阅黄涵之居士《弥陀经白话解》，尝叹曰：读此解者，不独知《弥陀经》义，且能知一切经法。今于江居士《金刚经讲义》亦云然。自斯讲义流通，我知读者一展斯编，不啻读余经十百部也。经云一切诸佛及诸佛菩提法，皆由此经出，不尤彰明较著者哉。校订既毕，因赞叹而为之叙。

中华民国二十九年庚辰首夏范古农和南敬叙

例言

△ 此书为江居士遗著，付印公世，初版时因稿未完成，取蒋居士显觉之笔记，当时曾经江居士修正者补之。中华民国三十一年再版时，所缺讲义，已由蒋居士显觉，将旧时笔记，悉心校订，据以补入，遂成完璧。

△ 此书分信解行证四大科，即据以分卷。以五重玄义为首卷，余分四卷，共计五卷，卷末附居士之校勘记及跋。

△ 科判附于全书之首，俾读者便于检阅。

△ 此书编汇初版时由周居士清圆任之。校订由范古农居士任之。并由蒋居士显觉，孟居士定常，协同校对。

△ 书中补缺之处，首行加一补字，以清眉目。

金刚般若波罗蜜经讲义卷一

金刚般若波罗蜜经

欲说此经，先当科判。大科分二。（甲）初，总释名题；次，别解文义。（甲）初，又二：（乙）初，释经题；次，释人题。（乙）初，又三：（丙）初，说般若纲要；次，明融会各家；三，依五重译题。

（丙）初，说般若纲要。

般若纲要，含有三义。（一）谓般若为大乘佛法之纲要也。此义，诸大乘经论及古德著述中，随处可见。若博引之，累牍难尽。兹且舍繁就约以明之，取其易了也。夫大乘教义，深广如海，然壹是以自度度他为本；自度度他，法门无量，然壹是以六波罗蜜为本。而施、戒、忍、进、定五度，若离般若，非波罗蜜。是所谓六波罗蜜者，壹是以般若波罗蜜为本。然则般若为大乘佛法之纲要也，彰彰明矣。故《大智度论》曰："般若波罗蜜，是诸佛母。诸佛以法为师。法者，即是般若波罗蜜。"《大般若经》曰："摩诃般若波罗蜜，是诸菩萨摩诃萨母，能生诸佛。摄持菩萨。"可见所谓大乘最上乘者，唯一般若而已。除般若外，便无佛法。当知大小乘一切教义，皆自般若出。一切教义，间有与外道如儒家道家中最高之理论相近者。独有般若，惟佛能证，惟佛能说。外道最高之理论，一遇般若，冰销火灭矣。故华严会上，诸大菩萨赞曰：天上天下无如佛，十方世界亦无比，世间所有我尽见，一切无有如佛者也。知此，则三教同源之说，其荒谬何待言哉。知此，则学佛者苟不了彻般若，虽尽知种种教义，尽学种种法门，皆是舍本逐末，在枝叶上寻觅耳，岂能到彼岸乎。夫般若非他，理体本具之正智是也。理体者，实相般若也。正智者，观照般若也。皆名般若者，显其理外无智，智外无理，理智一如也。既曰学佛，首当开佛知见。云何为佛知见，般若是也。乃从来罕有学此者。或望而生怖，或无知妄谈。此所以学佛者虽多,而证道者甚少也。岂但孤负佛恩,抑且孤负己灵。何以言之,如我世尊成道时,诧曰:"奇哉奇哉,大地众生皆有如来智慧觉性。但因妄想,不能证得。若无妄想执著,则无师智,自然智即时现前。"如来智慧觉性,即实相般若。妄想即分别心,第六识。执著,即我见,第七识。而观照般若,即转此二识者也。此二识转,藏识及前五识皆转矣。故曰:若无妄想执著,无师智,自然智,即时现前。此二智,即谓如来智慧觉性。因非外来,亦不可授人,故曰无师。因法尔本具,必须自觉自证,故曰自然。亦可配根本智后得智,或道种智一切智说。总之,凡夫所以为凡夫者,由于无始无明。无明犹言无智。故今欲超凡入圣,惟在开其正智耳。佛门中人有恒言曰:求开智慧。此语,正谓当开般若正智。亦即开佛知见。我世尊为一大事因缘,出现于世。何谓大事因缘,即是为一切众生,开佛知见,示佛知见,俾得悟佛知见,入佛知见耳。乃众生虽知求开智慧,而不明其所以然。教者,学者,一味寻枝觅叶,绝不知向般若门中问津,甚至相戒勿言。可悲之事,孰逾于此。违背佛旨,孰逾于此。误法误人,孰逾于此。自今而往,深愿与诸善知识,昌明正义,极力弘扬也。

(二)所谓般若纲要者,谓即般若而明其纲要也。如上引

《大智度论》所言,佛法即是般若。可见般若一门,摄义无量。若不明其纲要,未免泛滥无归。前人有宗第一义空立说者。有宗二谛立说者。有宗八不立说者。其说至不一也。第一义,即谓本性。性为绝待之体,故曰第一义。性体空寂,故曰第一义空。此义,是明般若纲要,在于破我除执。必须我法俱遣,情执尽空。所谓得无所离,即除诸幻。而后实相现前也。二谛者,俗谛也,真谛也。俗,谓世俗。真,谓真实。谛者,精审确当之意。谓世间之事相,凡俗见以为审确,是名俗谛。真实之理性,圣智乃知其审确,是名真谛。若约佛法言,凡明诸法缘生之义者,曰俗谛。何以故?以世俗未悟本性,逐相而转。因晓以一切诸法但是缘生,有即非有,其义决定故。凡明缘生即空之义者,曰真谛。何以故?以圣智即虚妄相见真实性。故洞然一切诸法非有而有,当体皆空,其义决定故。龙树菩萨曰:"为世谛故,说有众生。为第一义谛故,说众生无所有。"世谛,即俗谛。第一义谛,即真谛也。由此可知,俗谛明即空之有也;真谛明即有之空也。又曰:"诸佛依二谛,为众生说法。"故嘉祥大师曰:"佛法不出二谛,二谛赅摄一切佛法也。"夫般若本摄一切佛法尽。而曰佛依二谛说法,则般若纲要不出二谛也明矣。盖般若要旨,为令空有不著，以合中道第一义。真俗二谛，正明此义者也。

八不者，所谓不生不灭、不断不常、不来不去、不一不异。因迷八不之浅深，而成六道。因悟八不之浅深，而有三乘。盖一切众生，计执生灭断常一异来去等相而著有，故谓之迷。三乘中人，虽不执生灭诸相，而又著于不生不灭等，以偏于空。故佛说八不之义，正令洞明乎二谛。二谛明，而后中道显也。而第一义空之义，亦是令空有俱空。而后一切不著，中道圆明。由是观之，第一义空、二谛、八不，说虽不同，而义显中道则同。然则般若之纲要非他，即是令于空有二边，遣荡情执，务令罄尽，以显圆融中道耳。换言之，佛说般若，在令一切妄想执著之众生，开其理体本具之正智，以明其无明，觉其不觉。俾无相无不相之实相，空不空之如来藏，现前，同证如来智慧觉性耳。此正我本师出现于世之大事因缘也。是则般若法门，乃最上乘；令一切众生乘之，而直至佛地者耳。由是言之。与其别别举义，明其纲要。何若曰：《金刚般若经》，实为般若部之纲要。尤为要言不繁。何以故？本经无法不摄，无义不彰。上举二谛、八不、第一义空诸义，一一具足故。如曰：无我相，无法相，亦无非法相等，第一义空之义也。灭度所有一切众生，俗谛也。实无众生得灭度，真谛也。行于布施,俗谛也。于法无住,真谛也。乃至不应取法,不应取非法,即非,是名,等等。全经所说,无往非明二谛之义者。至令菩萨通达无我、法,在于开佛知见。入后所说,则皆不一不异不断不常不来不去不垢不净等义,以显诸法空相,是法平等。夫诸法空相,是法平等,即所谓不取于相,如如不动也。而令学人如是演说,如是受持。岂非以如是等义,为般若之纲要乎哉。不但此也。如上引《大般若经》、《大智度论》之言曰:"般若能生诸佛,摄持菩萨,佛法即是般若。"是指示佛法要领,不出般若也。而本经则曰:"一切诸佛,及诸佛阿耨多罗三藐三菩提法,皆从此经出。"其指示般若要领全在此经,不尤昭昭明明乎。佛说般若,前后共十六会,义丰文富。闻西藏译文至千卷之多;中文简括,亦有六百卷。内典中卷帙最大者,惟般若部。读诵已难,遑论演说受持。故于第九会,由博而约,特说此经。罗什大师师弟,译成华文,并加入魏译之数行计之,止五千八百三十七字耳。不但般若要旨,尽在里许。且得此一卷,一切佛法无不在握矣。何以故?此卷为般若之纲,般若为一切佛法之纲故。故必一切佛法通,而后此经可通。何以故?因网乃得纲故。然亦必此经之义趣深解,而后一切佛法头头是道。何以故?纲举则目张故。当如是知也。此一卷经,既为三藏之纲。其关系重要,可知。其义蕴之玄廓,条理之繁密,亦由是而可知。且以少文而摄多义。幸得译人笔妙,方足以传之。是以经中一句一字,皆关宏旨。即一名称,一结集者标举之词,亦含精义。少少忽略,义便难通。自译传之后,禅宗五祖,六祖,极力宏扬。遂尔家喻户晓,流通不绝。虽多未明其义。而学佛者盖无有不读此经者也。各佛教国中,未见其比。即此观之,足见吾国众生,深蒙佛护,良堪庆慰。何以故?此经流传不绝,便是佛种不断故。自今而后,当于云何演说,云何受持,特别加意。乃足以少报佛恩,及翻译此经,流通此经者之恩也。荷担如来,当得菩提,愿与诸君共勉之。

(三)谓即金刚般若而明其纲要也。本经之纲要无他,遣除妄想执著是已。盖如来智慧觉性,一切众生,人人本具,个个不无。但为妄想执著所障,不能证得。佛为一大事因缘出世者,为此事也。一切佛法,无非破执除障之法门也。而本经所说,尤为直捷了当。譬如金刚宝剑,依此而行,可以直下断除者也。妄想,即是分别心。执著分为两种:执五蕴色身为我,名曰人我执。简言之,曰我执。执著一切诸法,名曰法我执。简言之,则曰法执。我执不除,生烦恼障。法执不除,生所知障。总名惑障。由惑造业，则为业障。因业受苦，名曰苦障，亦名报障。我法二执，细分之，又有分别、俱生之别。起心分别，因而执著者，为分别我法二执，故粗。并未有意分别，而执著之凡情随念俱起者，为俱生我法二执，故细。此是多生以来，习气种子，蕴在八识田中，故尔随念即起，最为难除。当知妄想执著，由于无始无明。而般若，则为理体正智。智开，则无明者明矣。无明明，则妄想执著自断矣。故学佛首当开示悟入佛之知见。佛之知见，即是般若正智也。无论修何法门，皆须致力于此。故一切法不能离般若也。修净土念佛，亦然。经云：心净则土净。妄想执著不除，心何由净耶。古德言：爱不重不生娑婆。情执我见，实为爱根。故求生净土，必应从此下手。所谓老实念佛者，老实二字，必当注意。世间一切染缘，攀缘不息，云何能老实乎？由此可知，般若净土，初非二事。此经，实一切学人出妄之宏纲，净心之枢要也。兹不过略谈大旨，详见"(丙)三，依五重释题"中。古人将释一经，先说玄义，亦曰玄谈。玄者，深也，又悬也。谓将经中深义，提要钩玄而先谈之。使闻者得知大要，入文时乃有头绪也。故玄谈云者，犹言提要。正一经之纲要所在也。今故依天台例，开为五重说之。上来初说般若纲要竟。

（丙）次，明融会各家。

解释佛经之书，各宗俱备，且皆流传不失者，莫过此经。有弥勒菩萨之颂，有无著、天亲、功德施三菩萨之论。但译笔晦涩，颇不易读。且各就所见发挥。往往有乍视之，若与经义相反，而实相成者。其精妙之处，非后贤所及也。须向大处深处领取。若死在句下，拘执文字，一一与经文比附，反增障碍。圭峰之《论疏纂要》，即犯此病。功德施论题即妙。曰：金刚破取著，不坏假名论。全经要旨，尽在里许矣。吾土注此经最早者，为罗什入室弟子僧肇。着墨不多，但略诠释一二要旨而已。然不刊之作也。六朝时注释至今仍存者，有三论宗嘉祥，天台宗智者两师之疏。嘉祥一生精力，在于三论，所有著述，无一不精。而《金刚经义疏》，则不经意之作；或为门弟子随意录存，未经审订者，亦未可知。因多闲文，笔亦芜杂。与嘉祥其他著作，殊不相类故也。智者之释，全依"肇注"。偶有一二处，略加疏通耳。智者以三谛发挥一切经。独于此经，宗二谛说之。而于是名之言，皆作假名会。祖师法眼，令人钦服。不解台家子孙，何故不遵祖训也。岂未见此书耶。"智者疏"清末始由杨仁山居士向日本请归刻之。唐时法相宗窥基,亦有注释,多述法相。复有释慧净之注,精湛处不亚肇公。古注中,当以肇、慧为最佳矣。华严宗圭峰,作论疏纂要,虽是精心结撰,惜拘牵论文,经义反晦。宋时有长水师,作刊定记,以释圭峰纂要。依文解义,甚详也。禅宗祖师,亦有说经之作。如唐之六祖,元之中峰,明之憨山。然皆寥寥短篇,无甚发挥。明末,天台宗蕅益,作《金刚破空论》。盖有为而作,亦可备一格也。此外宋明清时,出家在家之释此经者,所在多有。不无一二道著语,精审则未能也。清初有台宗溥畹之《心印疏》,以三谛说经,语多坐实,殊违经旨,独科判间有可取处。又有华严宗达天之《新眼疏》,间有精到,能发前人所未发者。以信解行证判经,见地尤卓。他如五十三家注等,驳杂不纯,不足观也。今番演说此经,重在将经中精深微妙之旨趣,一一剖而出之。向来视为大乘初门者,一一言其究竟,归于圆融。向不经意之处,则为阐发其宏旨。向谓重复之语,则为抉择其浅深。于前后义蕴关联钩锁之处,皆一一道出所以然,而贯通之。于所有观门,行门,指示修功处,不敢一字忽略,务令闻者得以入手。多引他经,互相证明。以便得所会通。精要处,且融归净土,以破向来歧视之病。自愧学力疏浅,不足以说此深经。然大愿所在,实欲人人明了般若真实义，庶不致于怕谈、妄谈、浅谈云尔。若上举前贤论疏中精要之说，皆一一择取而融纳之。但不必袭其面貌，拘其文字耳。上来次明融会各家已竟。

（丙）三，依五重释题，分二：（丁）初，总解科意；次，依次开释。

（丁）初，总解科意。

五重者，名、体、宗、用、相。依者，台宗智者大师说《法华经》经题，约名、体、宗、用、相，开为五重，以发挥经中要旨，最为简明。少一重不得，多一重亦不必。故今依之也。此之五重，次第相生。夫一经必有一经特立之名。名者，所以标一经之概要，以显其异于他经者也。故第一重为释名。名者实之宾也。既标此名，必有其实，非虚立也。故次显体。体者，实体，即经名之主体也。因名核实矣。然非修观行，仍属空名。而依体起修，必明宗趣。故三明宗。宗者，修宗。谓修行之旨趣也。既已真修，必得其用。故四论用。用者，功效之意。佛随众生根机之大小利钝，说种种法以教化之。故经教即有大小偏圆渐顿之殊。如华严宗，判为小、始、终、顿、圆，五种教相；天台判为藏、通、别、圆，四种化法，顿、渐、秘密、不定,四种化仪是也。一经之名、体、宗、用,四重玄义既明,则其属于何种教相,亦可得而了然矣。故第五重为判教相也。今依五重之次第,开为五科。

(丁)次,依次开释,分五:(戊)初,释名;次,显体;三,明宗;四,论用;五,判教相。(戊)初,又二:(己)初,通名;次,别名。

(己)初,通名。

通名者,《金刚般若波罗蜜经》之经字,是也。佛所说法,通名为经。非一经为然。故经字乃一切佛法之通名,梵语曰修多罗,亦作素怛缆,修妒路。修多罗之本义为线,引申为贯穿,为摄持,为契合。既将佛说之法,分类结集成书,因以修多罗名之。谓贯穿佛语,摄持不失,上契佛心,下契众机也。大法东来,古德遂以经字译修多罗。经字本义,为经纬,组织,与修多罗之线义,贯穿摄持等义,正复相当。且吾国习惯,惟圣人语,始得称经,极其隆重。译修多罗为经,精当之至。但我国经字,不含契合之义。与修多罗原义,少嫌不足。然除经字外,更无他字可译。故古人不得已,称佛书曰契经,既以补足原义,且显此是佛经,非他教经也。至若释经为常,为道,此乃经字引申之义。修多罗中原无此义。故释佛经,不宜引用也。

(己)次,别名。

金刚般若波罗蜜七字,为本经特立之名,一切经不能通用,是谓别名。金刚者,喻也。般若波罗蜜者,法也。是为法喻立名。诸经经题,安名之法,取义不外七种。所谓人、法、喻、单、复、具,是也。如《阿弥陀经》,阿弥陀,佛名也。取人名为经题,谓之单人立名。如《般舟三昧经》,般舟三昧,为一种法门,是为单法立名。如《稻秆经》,稻秆,喻因缘生法也,是为单喻立名。如《妙法莲华经》,妙法,法也;莲华,喻也。有法有喻,非单而复,谓之法喻立名。如《普贤行愿品》,有法有人,是为人法立名。如《如来师子吼经》,如来,为人;师子吼,为喻。是为人喻立名。如《大方广佛华严经》,大方广,法也;佛,人也;华严,喻也。则是具足人法喻,以立名也。单三,复三,具足者一,共为七也。如一题之中,有两喻而无人法,亦单是喻而非复。有两法两人者,例此可知。故经名无量,取义只此七种而已。

梵语嚩曰啰或跋折啰,义为金刚,物名也。盖金中之精,最坚最利。能坏一切物,为利。一切物不能坏之,为坚。内典言,帝释有宝,名曰金刚。持之与修罗战。金刚力士所持器仗,曰金刚杵。金轮王有金刚轮宝,因称金轮王。本为天上之宝。人间虽亦有之,然甚罕见。古人谓之金钢钻,色如紫石英,透明。或曰：生水底石上。内典中,常用以喻法喻人,如曰金刚三昧、金刚力士、金刚身、金刚网、金刚手、金刚心等。皆取其坚固不可坏而能摧灭一切魔障之义也。今以喻般若正智。般若如大火聚,四面不可触,触则丧身失命。如金刚然,一切物不能触其锋也。般若正智,能破烦恼重障,如金刚能坏一切物也。什师云：金刚宝方寸,其光明能照数十里。般若智光,亦复如是。彻见一切凡情妄想,而破无明也。金刚宝,惟金刚力士能持。般若亦然。非具大乘根性者,弗克承当。故曰：若乐小法者,著我人众生寿者见。则于此经,不能听受读诵,为人解说也。真谛三藏言,金刚宝有种种色。青色者能消灾厄,如般若波罗蜜,能除三障,成三身,度生死流,达涅槃岸,度一切苦厄也。黄色者得满所求,如般若之庄严万行,成就无边功德也。红色者向日出火,如般若以始觉合本觉,出智慧火,烧烦恼薪,如千日轮,光明遍照也。白色者澄清浊水,如般若能背尘合觉,度五浊世,达清凉池也。碧色者消伏毒害，如般若之除我法执，消三毒苦也。又有无色金刚，亦名空色。得之者能于虚空行住。般若亦然，所谓第一义空也。具此三空之智，则我空，法空，并空亦空。空中无色，无受想行识，乃至无智亦无得，而得无上菩提。仍归于无有少法可得，则如如不动，成金刚身矣。总之，金刚之坚，喻实相般若，随缘不变，在缠不坏也。金刚之利，喻观照般若，无我不破，无惑不断也。金刚之明，喻文字般若，能开解慧，无明得明也。金刚为无上宝，价值不可称量，喻般若为无上法宝，功德不可称量也。金刚宝世间罕有，喻般若法宝之希有，所谓无上甚深微妙法，百千万劫难遭遇也。

梵语般若，义为智慧。非世智小慧也。乃理体本具之正智，所谓佛之知见。理体，即是觉性，亦曰实相般若。正智，即观照般若也。理外无智，智外无理，理智本来一如，故皆名般若。因恐人误认是寻常之智慧，故经论中多举译音般若为言也。此智一切众生本具。但为无始无明所障，不得显现。且此智，自证方知，非言语文字所能形容。何以故？必须言语断，心行灭，乃能自证故。然而一切众生，昧之久矣，不假方便，障云何开。障若不开，此智又何能现。故我世尊为此大事，出现于世。不得已，仍用语言文字以启导之。凡说佛知佛见,以开示众生。使得悟入者,名曰般若法门,亦云文字般若。欲令众生,因文字,起观照,证实相也。其他所说一切法门,如布施持戒等等,皆从佛知佛见出。使众生依而行之,以为开悟般若正智之助者。故曰:一切法不离般若,般若为一切法之纲要。换言之,即是般若为一切法之主干,寓于一切法中,非离一切法而别存也。质言之,我佛出世,为怜悯众生,同具如来觉性,皆得成佛,而竟不自知。故说佛之自证者,以破众生之愚痴。对愚痴言,假名曰智慧耳。实则智慧非别,觉而已矣。实相般若者,本觉也。观照般若者,始觉也。以一切众生从来不觉故,乃假文字般若以觉悟之耳。因是之故,读经闻法,要在深自警惕,以佛所说者为镜,时时处处,用以自照。不观不照,迷何由觉。是即所谓依文字,起观照也。观照功久,则皇皇然,警惕之心自生,是即始觉也,亦理体本具之正智初开也。如是不退不懈,观照之功,日深日醇。则所谓始觉者,先如初生之月,渐渐光多暗少,以至于月轮圆满,光辉焕然,则性体显现。即是始觉合于本觉,而亦无始本之分也。当知所谓成佛者无他,觉性圆明而已。而觉性之开,非仗文字般若之力,其道无由。故曰一切诸佛从此经出。复次在梵语本文,智曰若那,慧曰般若。照见为智,解了为慧。决断为智，简择为慧。知俗谛为智，照真谛为慧。彻明妙有为智，契悟真空为慧也。佛经常说六度，有时亦开为十度。第七度曰方便，第八度曰愿，第九度曰力，第十度曰智。以对第六度之慧也。然而空是即有之空，有乃即空之有。故智慧二字，实分而不分。此经，正明空有不著。所以般若字，应作智慧会。不能拘执文义，强分为二。不过有时佛经中亦不分而分，举智以明俗谛，举慧以明真谛。故学人亦不可不知此义耳。

金刚原以喻般若。然惟第九会所说者，乃以金刚能断喻之。岂非以此经所说之义，尤为坚利而明，尤能断惑。余会说者为金，此经说者乃金中之精乎。故本经曰：佛及佛法，从此经出。又曰：此经义不可思议，果报亦不可思议。克指此经为言，则般若纲要，尽在此经，更足证明矣。

梵语波罗蜜，义为彼岸到；顺此方文字，应曰到彼岸。印土古俗，凡所作究竟，皆云到彼岸。犹此方方言，所谓到家也。若约佛法言之。所谓离生死此岸，渡烦恼中流，达涅槃彼岸是也。故波罗蜜亦是喻词。

涅槃者，不生不灭，即谓本性。本性者，性乃本具之意也。言本具者，明非造作。既非造作，可见本来如是，而非从无而有者。故曰本自不生。言其本来已具，非新生也。既本不生，故今亦不灭。而众生生死不已者，相也，非性也。何故生死不已，由于其心生灭不停。当知生灭不停之心，所谓识相也，亦非性也。何故如此，由于烦恼。以烦恼故，遂致心有起灭，性变为识。由此造业，受轮回苦。而众生不知返本，认识为性，迷于生死之相，所以轮回不息。而与不生不灭者虽觌面而成永隔矣。故以烦恼喻中流，以生死喻此岸，以涅槃喻彼岸也。盖本无此岸彼岸，因有中流隔之，遂成彼此之别也。

烦恼亦曰惑，所谓见思惑也。见思惑皆从我见而生。故欲了脱生死之相，须证不生灭之性。而欲证本性，须化除我见。然我见根深，必须用种种法以调伏之。开根本智以断绝之。所谓理虽顿悟，事须渐除。犹之过渡，从此岸达彼岸，行之以渐，不容急也。故曰离，曰渡，曰达，以显其未可一蹴即到。而说一流字，又所以显其危险，无明风万不可起，起则随流而下，甚至有灭顶之凶，尚能渡达彼岸乎。修行人其慎诸。然如上所说，尚是专约凡夫说。若细别之，生死含有两重。烦恼亦兼见思、尘沙、无明而言。凡夫著有，执于人我；遂因见思烦恼，而堕分段生死。二乘，及一类菩萨著空，执于法我；遂因尘沙、无明烦恼，而有变易生死。故欲证到无余涅槃，须空有俱空，破我法二执，了两重生死。渡过见思、尘沙、无明等烦恼中流，乃达涅槃彼岸耳。故《大智度论》云："有无二见，皆属此岸。二执俱空，始达彼岸。"二执，即我、法二执也。渡流之筏为何？六波罗蜜是也。用此六法，可到彼岸。故此六法，亦名六度。六度之中，布施要矣，般若尤要。布施，舍也。若不知舍，云何肯离此而渡。然若无观照之智，又云何肯舍。故般若为五度之纲要，五度离此，非波罗蜜也。又复智慧二字，分言之，亦可因位名慧，果位名智。般若波罗蜜，约因位说，犹言到彼岸之观慧。若约果位说，则般若即是波罗蜜。何以故？果位之般若，即是理智一如。理智一如，即是不生不灭也。约因位说，金刚即喻此之观慧，最坚最利最明，故能到彼岸。约果位说，金刚则喻如来法身，所谓金刚不坏身也。上来释名竟。

（戊）次，显体，分三：（己）初，明体义；次，辨果同；三正显体。

（己）初，明体义。

体者，主体也。凡说一经，不能数言便了，往往千言万语，头绪纷然。读者闻者，如入大海，但见汪洋一片，莫辨津涯，不免兴望洋之叹。当知每一部经，卷帙无论如何重大，条理无论如何繁多，必有其归趣所在。换言之，一经必有一经主要之点。千言万语，皆趋重于此点也。千条万绪，皆发生于此点也。此点即一经主要之点，所谓体也。寻出千言万语千条万绪中，主要之一点，而指明之，所谓显体也。读者闻者，若明得经中主要之点，则要纲在握，不致望洋兴叹，亦不致入海算沙，更不致误入歧途矣。知此，可知显体等等之关系甚要也。知此，可知古人于经前先说玄谈之苦心也。总之，此所谓体，乃经体耳，非谓性体。

（己）次，辨异同。

辨异同，有二义。初约经体性体，辨其异同。夫经体非性体，固已。然而佛为一大事因缘出现于世。所谓一大事者，即是开示一切众生，同具如来智慧觉性；俾得悟入，一齐成佛。说法四十九年，专为此事。由是言之，一切经莫非开示本具佛性。是一切经之主体，皆不外乎发挥性体可知矣。然则上文乃曰：此中所显，乃经体非性体，是不能不辨别者。何耶？当知一切经虽皆不外乎发明本具佛性，然各经立说，旨趣不同。有重在除障者,有重在修福者,有说凤因者,有说后果者。机有万千之别,说法便因而有万千之别。非部部经皆直指本性,彻底发挥也。岂能笼统颟顸,呆指经体即是性体。且即以直指本性言。性体包罗万有,一名不能尽其量。遂不得已,而立种种名,如曰真如,曰如如,曰实相,曰法界,曰法身,曰性净明体,曰圆觉,曰自性清净心等等,其名无量,显义亦即无量。直指本性之经,有举此名者,有举彼名者,有兼举数名者,因说经之旨趣而异。即此可见虽同是直指本性之经,显义既各各不同。经中之归趣所在,亦因而各各不同。故经体与性体,约彻底显性之经言,虽二而不二,仍复不二而二,不能混为一谈也。其异同必须辨明者,此也。

次约各宗,辨其异同。无论何宗,其说经题,必须将经中要旨,摄入而发挥之,方为言中有物。而分门别类,立有一定之规格者,当推天台、贤首两家。然贤首之十门分别,有时不甚适用。不若台家所立五重之简明切要也。即以显体言,两家亦颇异其趣。盖显经体同,而显体之命意,大不同也。贤首宗,多就通名之经字上显体。亦即约能诠之经教显体也。此宗大德每曰:一切大乘经,以诸法实相为体。圭峰《金刚经纂要疏》曰:以文字般若为体。此皆约能诠之经教而言者也。

夫一切大乘经，以诸法实相为体。则一切大乘经莫非文字般若明矣。若克指般若部言，则前后十六会所说，皆文字般若也。岂独第九会为然，岂独此经为然。故圭峰所说，可通之于他经。故曰：是就通名之经字上显体也。而台宗之显经体，则克指当部，不能移易。即是就别名之金刚般若波罗蜜七字上，显本经主要之体。亦即约所诠之理事以显体。故曰：台家所立，简明切要也。此两家显体之异同也。

（己）三，正显体。

今既依台家规格，约经题之别名，以显经义所明之主体。则台宗诸大德所说，不可不先知之也。台宗古德之本经注疏，流传至今，其人可师，其注可传者，惟有两种。一，隋时智者之注。一，明时蕅益之破空论是也。智者以"若见诸相非相，即见如来"为经体。蕅益以"实相常住"为经体。近时台宗大德谛闲法师，撰《金刚经新疏》，则以"第一义空"为经体。三师标显各异，恐或致疑。然不必疑也。当知三说但文字不同耳，理则无殊。盖实相即是第一义空。《大智度论》云："所谓第一义空者，诸法实相是。"如来之称，以显性德，即是显法身德。而法身非别，实相是也。由是可知三说虽异实同矣。

然"新疏"之第一义空,其文非本经所有。"智注"最佳矣,而本经更有简要之句可取也。实相切要矣,常住二字似略凑。若但举实相二字,虽妙,然一切大乘经,皆以诸法实相为体,又嫌肤泛。故今不执三说,而易之曰:经体者,"生实相"是也。本经云:"信心清净,则生实相。"实相者,无相无不相。即谓真如法身,亦即空不空如来藏。生者,现前之意。云何现前,由心清净。云何清净,由于无住。无住者,离一切诸相是也。离一切诸相,即是空、有不著,亦即一空到底。本经曰:"离一切诸相,则名诸佛。"何以故?诸相离,则实相现前故。由是观之,以生实相三字显本经之归趣,理无不摄,事无不彰也。本经自释实相之义曰:"实相者,即是非相。"此中非字,是一切俱非。非有、非空、非亦有亦空、非非有非空。凡此空、有、双亦、双非之诸相俱非,非亦不立,是为离一切诸相。众生自性之相状,本来如是,真实如是。无以名之,强名实相耳。离者,无住之谓。无住者,不取之谓。不取于相,便如如不动。无以名之,强名曰生耳。文字般若,诠此实相也。观照般若,观此实相也。至于实相般若,圆满显现,则到彼岸矣。而取相由于我见,一切诸相离,则我见除、烦恼断。而烦恼断一分,实相便生一分。喻本经之文字般若,观照般若以金刚者，正因其能断烦恼，生实相也。然则生实相三字，为《金刚般若波罗蜜经》主要之体，岂不昭然若揭哉。

（戊）三，明宗。分三：（己）初，明宗义；次，辨同异；三，正明宗。

（己）初，明宗义。

所谓明宗者，明修也。宗，主也。明，说明也。夫明修谓之明宗，何耶？天台宗如此立说，具有两重深义。一通，二别。（一）警策学人，佛法以实行为主也。此是通义。（二）修行之法无量，因根机及目的，而异其法。犹如世法学校，因种种类别，而定有主要科，随意科也。本经有不思议功德。为发大乘最上乘者说。其修法以何为主乎。此别义也。不曰明修，而曰明宗者，取义在此。

明宗紧蹑显体来。盖经义之主体虽显，然非修莫证。若仅知显体，而不依体起修，如数他家宝，自无半钱分，显之何益。故我佛每说一法，未说之先，必诫以谛听。闻思修三慧皆具，是为谛听。而每经结语，必曰信受奉行，即是开示、读经、闻法，以如说修行为主也。然则本经归趣所在，所谓经义之主体，吾知其为生实相矣。实相必云何而后生耶。我佛说法,句句说性,即句句说修。今将如法实行,于无量行门之中,经旨究以何法为主耶?以是之故,显体之后,必继以明宗也。

(己)次,辨异同。

如上所言明宗之宗,与各宗各派之宗;又宗派之宗,与宗教之宗;又佛门所说之宗教,与世俗所说之宗教,不但世人不明,即佛门中人,亦多混淆。今乘便将其异同之点,一一辨白清楚,想为诸君所愿闻也。今人所说宗教,其义本拾西人牙慧。世有其书,兹亦无暇琐及。可简言以明之曰:一教之中,奉有无上权威者,以为之主。其主,能生死人;一切荣枯,咸在其手,故崇拜之。此世俗宗教之说也。故一言宗教,即含有迷信依赖意味。世人徒见我佛门,奉佛为教主,复闻佛门亦有宗教之言,莫明其妙,遂与西人宗教,混为一谈,随人脚后跟转,嗤为迷信,任意毁谤,造无间业,真可悯也。且因佛门礼像,诋为拜木偶,意谓佛教尚不及他教,其愚可谓极矣。今亦无庸深谈宗趣,详引教义,片言即可判其与西人宗教大相径庭。当知佛像、经卷、及出家人,称为住持三宝,意在令人因像而观想乎佛,因经卷而通达其理,因出家人而引起超尘离垢之心耳。故谓之住持。盖借住持三宝,观自性三宝,证常住三宝。生死荣枯,皆由乎己。无上权威,握在自手。故曰万法唯心,心外无法。此佛法所以超胜于世间一切道德哲理也。岂其他宗教所能梦见哉。若佛门中所言宗教,宗谓明心见性,因佛法以明心见性为主故也。教谓一切经义,因一切经义为佛所示教故也。故若通达乎心性,谓之宗通。若通达乎经义,谓之教通。宗也,教也,截然两事。岂谓奉一无上权威者,为教中主人翁哉。则所谓宗教,其名虽同,义则迥异,较然明矣。

是故佛门中宗教之宗,原非指宗派言。但因禅门唯一以自悟心性为主,不重经教,名曰教外别传,遂谓之宗下。明其与明心见性为主之宗旨相合也。宗教之教,亦非谓教主。其能深通经义,依文字,起观行,证实相者,则谓之教下。明其能依教奉行也。此乃后起之义,已含有宗派意在矣。然曰宗下,曰教下,义犹平等,初无轩轾。继而凡言宗下,不但专指禅宗,并含有是能实行,是能扼要之意。凡言教下,泛指禅门以外各宗派,并含有但求多闻,无益于人之意。则一重一轻,大有不能同日而语意思,其义更属后起,盖在禅宗极盛时也。

至于所谓各宗,各有所主之意耳。或主法相,如慈恩宗,亦名法相或唯识宗。或主法性,如禅宗,及三论、天台、贤首等宗。亦因依教不依教,别禅宗于其他言性者之外。如上所说之宗下教下,亦因所主之经义不同,而立宗名。如曰三论宗、法华宗、华严宗、净土宗、密宗,主律者曰律宗,是也。由宗再细别之,则名为派。如法相宗有真谛之旧派,玄奘之新派。《华严经》兼明性相,故宗华严者,其教义性相并通。若约法相而言,贤首一家,亦可称为法相之又一派。他如净土宗,亦有作观、持名之别。禅宗之分临济、沩仰、曹洞、法眼、云门五宗,虽立宗名,实乃派别之义。余可类推。总之,宗派之宗,因其立义,施教,各各不同,遂立各种宗名。不但修行方法有异已也。若明宗之宗,则专约修言矣。大抵宗教之宗,其义最广。宗派之义,已为渐狭。至曰明宗,义尤狭矣。此其异也。而宗字之义,为主张,为主旨,则无不同。若夫西人所云宗教,乃是有无上权威者为一教之宗主之义。与吾所谓宗教,义乃迥异。此皆不可不辨者也。世俗中人不明此义,尚不足责。乃佛门中人,亦因异同未曾辨明,不知将佛门中宗教之正义,详切声说。但曰佛法非宗教,以与世俗争。夫佛法明明有宗有教,何云非宗教。古人著述中,屡见不一见。如此立说,岂能令人心折。若将正义说明,使知吾所谓宗教，非彼所谓宗教。则泾渭分明，彼亦无从施其毁谤矣。

又台宗以外各家，亦尝明宗矣。然其所明，非台宗之所明。其异同，亦不可不一辨也。如贤首宗智俨二祖，注魏译《金刚经》曰：文字、观照、实相三般若，为一经之宗。则所谓宗者，既非专约修功，亦非克指《金刚经》。只可谓之泛论般若诸经之主旨耳。圭峰之疏，以实相般若、观照般若、不一不二为宗，视前说略优。然亦只是总论，而非切指本经。且为性修合说，非专约修言也。三论宗嘉祥"义疏"云：因果为宗。盖以无住之修为因，成就得无所得为果也。此说则克指本经，不能移之他部，切要多矣。然已涉入台家第四重之论用。何以故？功用属果故。由此可知诸家明宗则同，而所明之宗则异也。且由此愈见台家之五重，简明切要。非诸家所能及焉。

（己）三，正明宗。

台家大德明宗之说如何。"智注"标宗，为以实相之慧，修无相之檀。般若为理体本具之正智，故曰实相之慧。檀者，布施。取经中菩萨于法应无所住行于布施之义也。蕅益"破空论"，以观照契理为宗。契理者，契合理体也，即智注实相之慧义也。谛法师"新疏",则以发菩提心为宗。三说之中,自以"智注"为最精。余两说,未免宽泛。兹依本经现成语句,"应离一切相,发阿耨多罗三藐三菩提心","离一切诸相,则名诸佛","以无我无人无众生无寿者,修一切善法,则得阿耨多罗三藐三菩提,"之义,约为两语曰:离一切相,修一切善,为本经依体起修之妙宗也。命意与智注同,而语句现成,且明显易了,故易之。何谓与"智注"意同耶。本经举一布施,以摄六度万行。行于布施,正所谓修一切善也。而离一切相,正是实相之慧。盖法与非法,两皆不取,为离一切相。正与无相无不相之实相相应,是则离一切相,非实相之慧而何。当知本经唯一修宗,在无住二字。但标无住,以明经宗,全经之观门、行门,尽在其中矣。然恐领会不易,不如以离一切相修一切善两语明之,则无住之旨,洞然明白。何以言之。无住者,两边不住也。亦即一空到底也。经云:不应取法,不应取非法,非法非非法,以及即非是名诸句。又云:无我相,无法相,亦无非法相。无论约二边说,约重空说,皆所谓离一切相也。即无住之真诠也。而于法应无所住之下,紧接行于布施,即是修一切善之意。亦即空亦无住之意也。全经所说观门行门,一是以离一切相修一切善为本。正所谓妙有不有,真空不空,遮照同时,宛合中道第一义也。《大智度论》云:"般若要旨,在离一切法,即一切法。"离一切法者,离一切相也。即一切法者,修一切善也。得本经离一切相,修一切善两语。般若要旨,因而洞明,有下手处。故本经为般若之纲要也。且离一切相,方为发无上菩提。而得无上菩提,亦不外乎离一切相。何以故?无我人众寿,正谓离一切相故。而离一切相,当从修一切善做出。此正无实从无虚出,无为从有为出之意也。故离一切相修一切善两语,将金刚般若波罗蜜,从此岸,渡中流,达彼岸之行程,括尽无遗矣。故曰:为依体起修之妙宗也。总之,明宗必与显体相应。经体既为生实相。而离一切相,本为实相之慧。故离一切相,修一切善,实相便从此而生。故曰:离一切诸相,则名诸佛。故曰:以无我人众寿修一切善法则得阿耨菩提。盖名为诸佛者,因其得阿耨菩提也。阿耨菩提者,实相般若也。离一切相修一切善者,观照般若也。因观照而证实相,则举此两句经文,以明修宗,若网得纲,有条不紊矣。

(戊)四,辨用。

用者,功用也,力用也,即成效之谓。修必得其宗者,以不如是便无成效之可期也。然则修宗既明,其成效为何如耶。且成效原非一端,当辨别其孰为最大。何谓最大？其成效与经体相应者是。夫有是体,必有是用。用若不与体合,是其修功犹有未到,亦不能谓之成效矣。故不曰显用、明用,而必曰辨用者,以此。不但此也。用由宗出,修宗属因,功用属果；因如是,而后果如是也。而曰辨者,辨其效果是否与经体合,即以辨其修因是否与经体合也。当知明修谓之明宗者,即明修因之宗旨,必不离乎经体。换言之,主要之修法,在以经体为宗。是则修行之方法,即须与经体合也,明矣。而因果从来一如。故约学人言,当辨其所得效果,是否与经体合。即可知其修因,是否与经体合。而约经义言,当于经中,辨其孰为与经体相应之功用,方是与修宗一如之成效耳。总之,体、宗、用,必须一贯。而体、宗、用之名,是约所而言,即是约经义而言。盖显体者,显经义之归趣所在,是即一经主要之体也。明宗者,说明经中所言依体而起之主要修法也。辨用者,辨别经中所言因修而得之最大功用也。若约能修之人而言,明宗,是明因位之修。辨用,是辨果地之证。而显体,是显因果之目的。盖明宗者,明其在因地时,必应如是修去,乃为向目的而行。辨用者,辨其所谓证果者,必得如是功用,乃为将目的达到也。当如是知也。

他宗于辨用一层,或略而不谈,或换一种说法。如贤首十门中,有一门,曰教起因缘。慈恩宗,亦说教起所为。是皆论一经之功用者也。然所论未免过繁。以天台宗言,智者注本经,以破执二字为一经之大用。《破空论》则曰:经用者,断疑是。而"新疏"曰:经用在于无住生心。又过简略,不尽经义所言功用之量。当知体、宗、用三,所以必须显之、明之、辨之者,重在令闻法者,得有方针,且资警策耳。固不但应以片言,括尽经旨,使能了然于一经之纲要所在。尤须明白易晓,使其触目惊心,有下手处。太繁太略,皆不相宜也。今欲详辨本经之大用,当先明所以成众生,及不能脱苦之病根所在。

佛言,一切众生,皆有如来智慧觉性,但以妄想执著所障,不能证得。此数语,说得极其彻底。意谓,众生皆可成佛。何以故?皆有如来之智慧觉性故。然不能成佛,何耶?本具之如来智慧觉性,有物障之之故。此明成众生之所以也。夫一切众生,皆有此性而不自知。即知之,而所障若未除净,亦复不能证得。此明不能脱苦之所以也。障物为何?妄想执著是。此明成众生受苦恼之病根也。寥寥数语,一齐说尽矣。妄想者,分别心是。执著者,我、法二执是。即所谓我见也。粗则执著色身,是为人我见,则不能脱分段生死之苦。细则执著一切法,是为法我见,则不能脱变易生死之苦。不但此也。因我见之执,起分别之妄。于是顺我者贪之,逆我者嗔之,而不知本无所谓我也,故谓之痴,亦曰无明,亦名不觉。遂造种种罪业,为其牵系。其苦愈甚,愈不得脱。妄想执著,亦因而愈深愈重。本具之如来智慧觉性,更因而愈迷愈隔矣。

然则我见何自起耶?以不达一真法界故。法界者,四圣六凡十法界也。十法界之相,虽差别无量。而十法界之性,则同一真如。不达者,不知也。故《起信论》云:"以不达一法界故,不觉念起,而有无明。"因其不达,故谓之不觉无明也。念起,即谓妄想执著也。不达一真法界,犹言不知同具如来智慧觉性也。盖不知性体本同,遂起人我分别之念。业力由此而作,苦报由此而招矣。然则欲脱苦报,当消罪业。欲消罪业,当除我见,明矣。我佛为一大事出世者,为此,说法四十九年者,说此,本经为一切法之纲要,喻之为金刚能断者,其大用亦即在此。

经名曰般若波罗蜜者,谓此经能开众生到彼岸之智慧,俾得同到彼岸也。此智,为一切众生理体所本具,即是众生皆有之如来智慧觉性，故谓之到彼岸智慧。故此智开，便能到彼岸。何以故？此智若开，便是不觉者觉，无明者明；便是通达一真法界；便是从根本上破其我见。则无惑而不断。故以金刚喻之也。然则此智云何开耶？当知发大悲心，便是开此智。何以故？知一切众生，皆具如来智慧觉性，但因有障未证，是知众生之性体皆同也。故见众生苦，即是自己受苦。见众生乐，即是自己得乐。有一众生未证如来，则性体犹有亏。故发心必拔其苦，必予其乐，必度之成佛，是之谓大悲心，所谓同体大悲也。能发此心，名为始觉。虽曰始觉，便同正觉。故发同体大悲心，谓之发阿耨多罗三藐三菩提心，其义为无上正等觉也。故离一切相，方为发此心。

离一切相者，明其会归于同一真如之性也。何以言之？见有众生可成佛，而必度之，则是不取非法；亦非不众生有无上菩提可得，离无相也。即复知众生本具如来智慧觉性，故虽度，实无所度；虽成，而实无所成。则是不取法，而非众生。得无上菩提而无所得，离有相也。有无之相俱离，谓之会归真如之性者，以其契合无相无不相之实相故。则初发心时，分别心已融，粗细之我见潜销矣。故喻此经义为金刚也。

试观此经，一启口便令发无上菩提心，灭度所有众生入无余涅槃,而实无众生得灭度。以后所说,皆是发挥此义。并忘其为菩提心,且直指心源,令向一念不生处契入。如后半部,开章便遣著于发菩提心。乃至曰:即非我见,是名我见。则我见之踪影全无矣。故本经之极大功用,首在破我。

一切众生,以不觉知十法界同共一真如法身故,执有我他,起分别见。遂生三毒,造无量罪。受业系苦,堕落轮回。愈迷愈苦,愈苦愈迷。纵或夙有善根,遇善知识,教令发心,皈依三宝。而以夙世罪业,往往内外障缘,叠起环生,欲修不得,修亦难成。故修行人,忏悔业障,极关紧要。华严会上诸大菩萨,尚以此门,列入行愿,何况凡夫。然罪业有可忏悔者,亦有不通忏悔者。若极重之罪,已成定业者,忏悔尤难。经曰:"端坐念实相,是名真忏悔。重罪若霜露,慧日能消除。"此明欲消重罪,惟念实相,庶乎其可。非他法所能忏悔也。若但视此经,为令观空,犹浅说也,偏见也。当知经文乃令空、有不著,双照二边,是谓念实相。何以故?实相者,无相无不相故。若但观空,是止观无相,而不观无不相,岂念实相哉。经以念实相之慧,喻之如日,正以日之行空而不住空也。故《行愿品》云:"亦如日月不住空。"若但观于空,是住空矣。岂以日为喻之意哉。当知实相之慧,从大悲生。以大悲故。广修六度万行,得无量福德。故经文之慧,摄有福在,方与念实相相应。福慧双修,观空而不住空,乃如光明赫赫之日,能除暗冥,能生万物。以此观行,乃能消重罪若霜露耳。当如是知。如是知者,是为正知。本经功用,亦复如是。经体为生实相,所谓实相般若也。修宗为离一切相,修一切善,所谓观照般若,即是念实相也。盖离一切相,观空也,修慧也。修一切善,不住空也,修福也。观念实相,福慧双修,是真忏悔。故能消除重罪定业。则内外障缘,一齐销尽,何修而不成乎。如本经曰:"是人先世罪业,应堕恶道,以今世人轻贱故,先世罪业,则为销灭,当得阿耨多罗三藐三菩提。"曰恶道,是重罪也。曰应堕,是定业也。幸有善根,今世未堕。得闻此经,深解义趣。能知修宗,福慧并进。故能重罪轻受,夙业销灭。何以故?约对治言,福能灭罪故。约第一义言,慧能拔业故。当得菩提,明其所修必成也。以是之故,本经复有极大功用,曰灭罪业是。

二乘人能观空自觉,破人我见,而法我犹在,以智浅故,破之不尽。其成效极果,止能成就阿罗汉,辟支佛。大乘中人,虽能空有不住,不但自觉,且行六度以觉他。然而无明未能破净。即是微细之法我,犹未化除也。以未得金刚智故。

故但分证法身，而未究竟。本经所谓成就第一希有，以仅成正等正觉，未达无上也。若能于本经，深解义趣，信心不逆，尽能受持为人解说，即为荷担如来阿耨多罗三藐三菩提，当知是人成就最上第一希有之法，乃至生福灭罪，当得无上菩提。故本经更有极大功用，能究竟成就阿耨多罗三藐三菩提也。

合以上所辨列之三端，约成八字。曰：破我，灭罪，成就如来，为本经之大用。庶几与经中，是经有不可思议不可称量无边功德之文相应耳。经曰："狂心不歇，歇即菩提。"古德亦云："但尽凡情，别无圣解。"狂心凡情，即是妄想执著之我见也。当知如来智慧觉性，众生本具，不过为我见所障耳。此障若除，觉性则本来圆成，智慧则自在圆明，如来亦即出无明壳藏，而圆满显现矣。故曰：狂心不歇，歇即菩提。但尽凡情，别无圣解。所以修行法门无量，而唯一宗旨，除障而已。本经大用，克实言之，亦只是除障而已。

而一言及障，法尔具三。所谓成就，亦可开三。一曰惑障。又名烦恼障。即见思惑也。我、边、邪、二、取、贪、嗔、痴、慢、疑，其数有十，一是以我见为本。故破我则惑障除，而成般若德。二曰业障。本经曰：先世罪业，则为销灭。故灭罪,则业障除,而成解脱德。三曰报障。报,谓苦报身也。成就如来,则报障除,而成法身德。故本经之大用,即是除三障,成三德。今举破我,灭罪,成就如来为言者,以其易晓,而除三障成三德之义,摄在其中故也。

前言,体宗用三,其义一贯。云何一贯耶。兹再综合言之。夫约所诠之经义,以显归趣之主体,为生实相者。为发大乘最上乘者,示以修因证果之目的也。若修宗之离一切相,修一切善。约经义言,离一切相者,所谓无相。修一切善者,所谓无不相也。然而善法即非善法,是名善法。故究竟说之。修一切善,即摄无相无不相义。而离一切相,则是相不相皆无之义。正与生实相之经体相应。盖生实相之究竟义,亦为相不相皆无,而生即无生也。约能修人言,则是二边不著,一空到底,向生实相之究竟目的进修也。至辨用之破我灭罪,成就如来。约经义言,破我,为离一切相所得之功用。以妄尽情空故。灭罪,为修一切善所得之功用。以福慧增长故。亦可,破我灭罪,为离相修善合得之功用。以观照般若之修功,信心清净,则生实相故。盖二边不著,心与绝待清净相应,则破一分无明,证一分法身故。我见罪业,由无明生。无明破,则惑业二障渐销,乃能证法身也。初证法身,为实相生也。若夫成就如来,则由观照功纯,实相般若,圆满现前,岂第如月之初生已哉。约能修人言。即是因圆果满,已达目的,而到涅槃彼岸矣。上来辨用,并补发显体明宗未尽之义,及将体、宗、用,分别能所,综合一贯,而说其义,已竟。

(戊)五,判教相。分二:(己)初,总论;次,正判。(己)初,又二:(庚)初,解释名义。

(庚)初,解释名义。

此中判字,盖有两义。分判也,辨别之义。又评判也,论定之义。判教相者,谓辨别经中旨趣,加以论定,应属何类也。教者,教化,即指经言。佛为教化众生而说法,结集所说之法而成书,称之曰经,故谓经为教也。佛之出世施教,在令众生除无明我见之障,证本具之如来智慧觉性。简言之。一切佛法,不外明心见性而已。而心性要在自证,以其本非言说所可及也。故曰:说法者,无法可说。然众生既不自知,今欲教之,又不得不说。而障有浅深,说之又不能不应其机。故曰:对机则说。以说不对机,则不能了解,说复何益耶。机有二义。根机也,时机也。根机,指根性言。谓众生根性,各各不同也。何故不同,障有浅深厚薄故也。时机,指时节言。

某时说阿含,某时说方等,先小后大,先浅后深,循循善诱,引人入胜,如所谓三时五时是也。故名四十九年所说法,为一代时教。一代,谓佛之一生也。时教,谓因时施教也。既是对机而说,因时施教,因之经教遂有半满、权实、渐顿、偏圆之异。故《大涅槃经》中,喻一代时教之相状,或如乳、或如酪、或如生酥、熟酥,以及醍醐也。是之谓教相。譬如乳酪等等,名相虽异,而补身益人之妙用则一。经教亦然。虽不无半满偏圆等等名相之异,而其宗旨,在于明心见性则一也。此以相为言之深意,明其不可拘执乎不一之相,仍应会归于不异之性也。然既有种种不一之相,固不应拘执,亦何可颟顸。故古德于一切经教之教相,不惮勤劳,辨别而论定之。虽见浅见深,各因见地而异其说,而意在方便学人,俾得于一代时教之纲领条目,浅深次第,洞然心目,可以循序而进耳。其嘉惠后学之苦心,良足佩焉。是之谓判教相。以上解释判教相之名义竟。

(庚)次,泛论教相。

大法东来以后,至于晋末,判别一代时教者,有十八家之多,然皆不传。古德著述中,间有引其说者,一鳞半爪,未睹其全。就所引者窥之，大抵粗论大纲而已。自唐以来，共所依循，较为完备者，天台、贤首两家所判是也。天台判一代时教为藏、通、别、圆四种，学者名之曰四教。贤首则判为小、始、终、顿、圆五种，学者名之曰五教。贤宗之小，即台宗之藏，谓小乘教也。其不称小者，盖以小乘于经律论三藏，虽义不及大乘之圆满，而三藏具足。若称为小，恐人疑其三藏缺而不全。故不曰小，而曰藏焉。《大涅槃经》，佛称小乘为半字教，大乘为满字教者，以小乘只明人空，大乘则人、法双空，故以半满别之。

台宗之通教，贤宗名之曰始教。自此以往，皆指大乘而言。谓之通者，以其经义，下可通于小乘，上可通于别、圆也。总之，所明之义，三乘可以共行，因名曰通。犹言普通也。凡但言人法俱空之理者，皆是。观空，为大乘初门，故名之曰始教也。

所谓别教者。别，即特别之义。始教但观空，与二乘同，故曰三乘共行，因名曰通。今则不止观空，且观假有，非二乘所共行矣，因谓之别。贤首则名为终教，明行菩萨道者，始虽观空，而终不住于空也。总之，大乘行门，始终不离乎生死涅槃两皆不住而已。又复先修从假入空，次修从空出假，各别修行，非如圆教之一修一切修。是与通教、圆教皆有别也。所谓下别于通，上别于圆，故谓之别教也。

圆教者，台宗所谓即空、即假、即中，三谛圆融。贤宗所谓理事无碍、事事无碍、一即一切、一切即一是也。总之，凡经义中，赅摄所谓小始终顿，所谓藏通别之义者，即为圆教。

贤宗于终教、圆教之间，加一顿教。凡经义明一念不生，当体即佛，不涉次第者，属之。台宗于此层，非漏略也。当知台宗判教，分化法、化仪两种。化法者，教化之法门，所谓藏、通、别、圆是也，此指教化时所说之义趣言。化仪者，教化之仪式，所谓顿、渐、秘密、不定是也，此指教化时所现之事相言。约佛边言之，一时说尽，顿也。分次而说，渐也。放光表法，秘密也。非决定说，不定也。约闻法边言之，闻即彻证，顿也。不如是者，渐也。随类领解，不定也。各不相知，秘密也。又复说顿义时，亦有渐义。说渐义时，亦具顿义。此人闻之以为顿，他人乃以为渐。本是顿义，仅得渐益。虽说通教，其中乃摄有别、圆。乃至说藏教时亦然。推之其他，莫不如是。皆所谓秘密不定也。总之，台宗以为藏通别圆四教中，无不有顿有渐，故不另立一门。盖以化法、化仪，加以通五时，别五时，参伍错综，以判一代时教。以是之故，判教之细密圆融,莫过台宗。然于一代时教之义理,事相,仍有收摄不尽处也。当知此事惟佛与佛,乃能究竟耳。各宗祖师未到佛地,虽各有见地,岂能便与佛同。后人惟当择善而从可耳。以上泛论教相竟,即初总论已竟。以下正判本经教相。

(己)次,正判。

台宗判本经为通别兼圆,贤宗则判属始教,亦通于圆。皆不免拘牵名言,与经中义趣,未尽吻合也。今欲判定本经教相若何,不得不先明本经之义趣。

佛说此经,盖以开众生本具之如来智慧觉性,而复其本来面目者也。正是绍隆佛种,传授心印之无上甚深法宝。即此一点,已足证明其为至圆极顿之教法矣。至圆极顿,故所谓通别,所谓始终之义,无不摄尽。安得见其有通始等义,遂拘牵文字,颠倒其说,谓其兼圆通圆乎。

本经主旨,唯在无住。无住即是不著。不著,所以破我见也。何以故？我见即是妄想执著故。以如来智慧觉性,为我见所障。今欲显性,必除其障。故唯一主旨。在于无住以破我也。夫智障不并立。将欲开显智慧觉性,固在破除我见之障。然开、破一贯。能破便是能开,能开便是能破。然则此智云何为开耶？前已言之，发同体之大悲是已。悲智双具，即所谓阿耨多罗三藐三菩提心也。此心是同体悲，故广修布施六度，以灭度所有众生，同证如来智慧觉性，而不著空。证如来智慧觉性，即是入无余涅槃也。此心是理体智。故虽度众生入无余涅槃，而实无众生得灭度者，而不著有。不著有，无相也。不著空，无不相也。无相无不相，正如来智慧觉性之真实相也。故本经启口即明此义。且明明示之曰：不应取法，不应取非法。此约空有二边不著言也。一有所著，则我见存。一无所著，则我见破矣。盖灭度无量无数无边众生，而实无众生得灭度，是无我人等相也。实无灭度，则虽广行六度法，而无法想，是无法相也。虽实无灭度，而度之不休，是亦无非法相也。无我人等相者，无人我见也。法与非法皆无，无法我见也。换言之。无我人等相，所谓我空。无法相，所谓法空。亦无非法相，所谓空空，亦曰重空。此约一空到底言也。由是观之。本经之空，是并空亦空，所谓一空到底。一空到底，即是双遮二边，双照二边，所谓空有不著，圆之至矣。岂可以但观于空之始教，相提并论乎。

而观开经所言，是三空之义，一时并具。亦即一修一切修。又岂先修从假入空，次修从空出假，隔别不融之别教义乎。且一空到底,二边不著,所谓离一切相也。必离一切相,方为发菩提心。而离一切相,则名诸佛矣。盖空有一切相既离,则心清净。心清净,则实相生。实相生,即是无明我见破,而真如法身现。故曰则名诸佛。故曰若见诸相非相,即见如来。不但圆极,亦顿极矣。夫离一切相,为发无上菩提心者,以其遮照同时,宛合中道也。乃至菩提心亦不著,是则中亦不立矣。乃至曰:一切法皆是佛法。所谓一切法者,亦复即非而是名。此正台宗所说一空一切空,一假一切假,一中一切中,至极圆融之义也。而曰如来者,即诸法如义。又曰:是法平等,无有高下。此又贤宗所明理事无碍,事事无碍,一即一切,一切即一,至极圆融之义也。全经所说,皆是此至圆极顿之义。乃判曰兼乎圆,通于圆。一若经义有不尽圆者,何耶!总之,全经之义,莫非阐发圆顿之无住。但前半多约境遣著。境者,一切相也。六尘、六根、六识,乃至空、有、双亦、双非,皆摄在内。故前半之义,可简言以括之曰:一切皆非,于相不取。因不取,故皆非也。皆非而不取。则无明我见破,而观照般若之正智,焕然大明矣。后半则约心遣著。心者菩提心,三际心,有所发,有所得,一切分别执著等心,皆摄在内。故后半之义,可简言以括之曰:一切皆是,于相不生。因不生，故皆是也。皆是而不生，则无明我见破净，而实相般若之理体，朗然全现矣。故指示云何演说中，结以两语曰：不取于相，如如不动也。看似因不取，而后不动；实则必能观不动，乃可不取。此义，曾于前半部中发之。如曰：若心取相，则为著我人众生寿者，是也。盖心动则取，取则著相。故欲不著，必当不取。而欲不取，心当不动。可见前后义本一致。不过约文相，不无浅深次第，以方便见浅见深之闻法者耳。

前言，本经为绍隆佛种，传授心印之无上法宝。即此一点，已足证明其为至圆极顿之教。此非无稽之言也，本经盖屡言之矣。如曰：一切诸佛，及诸佛阿耨多罗三藐三菩提法，皆从此经出。又曰：是经有不可思议，不可称量，无边功德。如来为发大乘者说，为发最上乘者说。若有人能受持读诵，广为人说。如来悉知是人，悉见是人，皆成就不可量，不可称，无有边，不可思议功德。如是人等，则为荷担如来阿耨多罗三藐三菩提。又曰：先世罪业，则为销灭，当得阿耨多罗三藐三菩提。又曰：当知是人成就最上第一希有之法。又曰：是经义不可思议，果报亦不可思议。

夫曰诸佛从此经出，曰荷担如来，当得菩提，非绍隆佛种乎。曰如来为发大乘最上乘者说，非传授心印乎。曰经义、果报、功德、成就，皆不可思议，非无上法宝乎。非至圆极顿之教，何足语此。且明明曰：诸佛阿耨多罗三藐三菩提法，皆从此经出。则是一切圆顿经教，皆为此经摄。此经能摄一切经教，一切经教，不能摄此经教。然则至圆极顿，孰有能驾此经而上之者。佛语当信，不可诬也。今故谨遵佛旨判本经为境心俱冥，遮照同时，慧彻三空，功圆万行，至圆极顿之大教。一切藏、通、别、圆、小、始、终、顿、圆，种种教义，一齐摄尽。其相，正如无上醍醐，为乳、酪、生熟酥之所不及也。

（乙）次，释人题。

姚秦三藏法师鸠摩罗什译

晋时，内有各王争政，外有五胡乱华。于是群雄割据，全国扰乱。陵夷至于东晋之末，北方久已沦为异域，从无宁日。前后有十六国，姚秦，即十六国中之一也。迨刘裕灭晋称宋。而齐、梁、陈继之，名曰南朝。北则为元魏、周、齐，名曰北朝。然后一统于隋，而归于唐，斯民方得少少苏息也。

姚秦建都长安，国号曰秦。为别于前秦苻氏，故称后秦。亦称姚秦，国主姓姚故也。当前秦苻坚建元九年，亦云十三年，有异星见于西域分野。太史奏曰：当有大德智人，入辅中国。坚曰：朕闻龟兹有罗什，襄阳有道安，得非此二人耶。于是先礼致道安法师。复遣骁骑将军吕光，率兵七万伐龟兹，意在得什也。龟兹兵败。光得什，返至西凉。闻苻坚为姚苌所弑。光乃自据凉土，称三河王。并留止什。姚苌既弑苻坚，称帝。屡请什师，吕光不允。苌卒，其子姚兴嗣位。复请，亦不允。光卒后，传至吕隆。姚兴伐之，遂迎什师至长安，奉为国师。使沙门僧䂮、僧睿、僧肇等八百馀人，集于什师门下，大兴译事。时在姚秦弘始三年也。吾国法运由此而盛。在佛教中，关系之巨莫过于此。当在西凉时，吕光但以什多智计，重之，初不弘道。姚苌亦因闻其计谋之名而请之耳。姚兴则信奉三宝者也。

凡能弘扬佛法者，称为法师。经律论三藏皆通，则称三藏法师，名尤隆重。

鸠摩罗什，梵语具云鸠摩罗什婆，什婆亦作耆婆。父名鸠摩罗炎，天竺人也。家世国相，将嗣相位，辞避出家，东度葱岭龟兹国王，闻其弃荣，郊迎之，请为国师。强以其妹名耆婆者妻之,生什。兼取父母之名,名鸠摩罗耆婆。天竺俗尚如此。其母后又生一子,名弗沙提婆。乃慕道苦行,遂出家。时什年七岁,亦俱出家。鸠摩罗什,义为童寿,谓童年有耆老之德也。日诵千偈,凡三万二千言,每偈三十八言。自通其义。随母至罽宾,礼盘头达多为师。攻难外道,能折服之。国王日给上供。所住寺僧,乃差大僧五人,沙弥十人,为营扫洒,有若弟子。其见尊崇如此。年十二,复随母还龟兹,游沙勒。小乘教义,无不通达。沙勒王请升座说法。暇则博览外道经论,四韦、五明、阴阳、星算,莫不毕尽。妙达吉凶,言若符契。为性率达,不厉小检。修行者颇疑之。然什自得于心,未尝介意。时有须耶利苏摩,专宏大乘。什亦宗而奉之。遂专务方等。诵《中》、《百》二论,及《十二门》等。龟兹王迎请还国说经。年二十受戒。从卑摩罗叉,学十诵律。时母辞龟兹王,往天竺,已登三果。临去,谓什曰:"方等深教,应大阐震旦,传之东土,唯尔之力。但自身无利,奈何。"什曰:"大士之道,利众忘躯。必使大化流传,洗悟蒙俗,虽身当炉镬,苦而无恨。"遂留龟兹。后于寺侧故宫中,初得《放光经》,读之。魔来蔽文,唯见空牒。什心愈固,魔去字显。遂广诵大乘经论,洞其秘奥。龟兹王为造金师子座,以大秦锦褥铺之,令什升而说法。盘头达多，不远而至。时什正欲寻之，告以大乘也。因与达多辩论大小乘义，往复苦至。经一月馀，方乃信服。反礼为师，曰我是和尚小乘师，和尚是我大乘师。什每至诸国讲说，诸王皆长跪座侧，令什践而登座，其见重如此。什既道流西域，名被东国，所以前秦苻坚必欲得之也。然吕光本不信佛，虽得什师，种种虐遇，师皆忍受。继因言无不验，光始异之。姚兴少崇三宝，既迎至长安，因请于逍遥园译经。并令名僧睿、肇等，咨受什旨。自汉明，历魏、晋，所出经论，往往文滞义格。什览之，多不与梵本相应。遂与僧䂮、僧迁、道恒、道标、僧睿、僧肇等，先出《大品》。姚兴自亦持经雠校。其新文异旧者，义皆圆通。众心惬伏，莫不欣赞。兴复自作通三世论，以示因果之理。王公以下，并赞厥风。屡请什于长安大寺，讲说新经。什师能汉言也。所译经论，凡三百馀卷。名僧道生，慧解入微。特入关，向什师请决。庐山高僧慧远，亦每以经中疑义，通书咨什。什每为睿言，西方重文，宫商体韵以入弦为善。凡觐国王，必有赞德。见佛之仪，以歌叹为贵。经中偈颂，皆其式也。改梵为汉，失其藻蔚。虽得大意，殊隔文体。有似嚼饭与人，非徒失味，乃令呕哕。姚兴虑法种无嗣。以伎女十人，逼令受之。自尔不住僧坊,别立廨舍。每至讲说,常先自说,譬如臭泥中生莲花。但采莲花,勿取臭泥。或有见师与女人处者,莫测究竟。师取针一握,谓之曰:"若能吞得此针否?若其未能,何堪学我。"由此可知什师为宏大法,不得已暂示随缘,实则处污泥而不染,何可以迹相疑之耶。以弘始十一年八月二十日卒。临入灭时,谓众曰:"自以暗昧,谬充翻译。若所传无谬,当使焚身之后,舌根不坏。"荼毗之,果然。

所译经论共九十八部,三百九十馀卷也。后有天竺人来云:罗什所谙,十不出一耳。本经即其所译也。本经后于元魏、陈、隋,复重译之。唐时又有两译本。前后共六译。然古今流通,唯尚秦译。至什师事实,古人著述中,往往言之,颇多异词。与《高僧传》所载,不无龃龉。兹略述之,不及详考也。吾人观于什师译经之事,有两事当注重者:(一)译经有两大派。一即罗什一派。融会全经之义,以汉文体裁达之。故其所译,往往字句章节,不与梵文尽合。而无幽不显,无微不彰。东方人读之,尤为应机,较易领解。盖依义不依文也。即今人所谓意译也。一为玄奘一派。拘守梵文格式,不顺汉文方法。东方人读之,殊为扞格,义亦难通。此殆今所谓直译者欤。夫弘扬佛法,重在宣通其义耳。非为研究梵文。则所译之佛经,应以何派为善,可不烦言而解矣。(二)罗什以前,因译本不善,不但深微之义未达,即就浅近者言,亦多未能圆满其说。故士大夫信佛者少。自什师新译之经论出,远公在庐山,复力为宣布。于是文人哲士,始得渐通佛理。佛法之光明,乃始如日初升,至唐而如日中天矣。故大法东来而后,直至什师,方为大显。不然,其时虽先有道安,后有慧远两高僧,亦未必能蔚为后来之盛。何以故?依据之经论,未足备数,未足明义故。什师既是菩萨再来,及门弟子如睿、肇等,又皆文理湛深,于吾国旧学,老庄、六经无不通晓。师弟皆非凡人。故其所译,遂尔无理不达,而能深入人心也。自宋而后,佛法由盛而衰,至于今日而极。而国乱人苦,无异晋时。彼时有什师师弟之宏扬,佛法由此而大兴,人心由此而改善,国政亦由此而渐获太平。然则欲世事太平,先当人心良善。而欲人心良善,先当佛法宏兴也,明矣。一观今日之情势,为何如耶。不但世事紊乱已也,佛法中亦复紊乱至极。无他,未明佛法之真实义故耳。是故欲大兴佛法,先当了解佛法之真实义。而欲了解真实义,先当弘宣绍隆佛种之金刚般若。是在吾辈之群起而荷担之矣。

什师译经,先从《大品般若》始,则欲荷担无上菩提法,当从《金刚般若》始,不尤彰明较著也哉。敬以此愿,普皆回向。

《金刚般若》之要旨,括以八字,曰:理显三空,观融二谛。

先从苦说起,所谓三苦、八苦。苦由业来,业由惑生,所谓见思惑也。因详说之,而惑之本,则为我见。我见除,则诸惑不生。不生,则无业系之苦。所谓了生死是也。金刚坚利。喻般若能断惑故。本经宗旨,唯在破我。我执之粗者,为四大五阴。细者,则取法,或取非法。凡有所取,便是我执未尽。故须重重空之,即无我相,无法相,亦无非法相是也。此之谓三空。

法字义广,事事物物,皆在其中。四大五阴,亦事物之一也。故约粗细分言之,则为人我相,法我相。而约有相言,则同属于法。故人我、法我,可合而为一。此一切有相之事物,世俗眼光,莫不认为真实,故名之曰俗谛。谛者,真真实实之意。殊不知凡所有相,皆是虚妄。言其虽有而虚。有而不有。作此观者,名为假观。非法相者,约一切法之性言。相假而性真。以相由缘生,性乃不变,故知是真,故名之曰真谛。作此观者,名曰空观。以性本无相,故名空也。然若取此空相,乃是偏空,非大乘之第一义空。亦名胜义空。何则,譬如虚空,虽本无相,而万相森罗,且必万相森罗,乃成其虚空。须知性是体，相是用。有体必有用，故有性必现相。相但不可著，著则逐相而昧性，逐用而昧体矣。然亦不容断灭相，断灭相则虽证体而有何用，且亦不成为体，以决无无相之体故也。故大乘之义，必作如是观，乃名空观。空而不空。如是，则二谛之观融矣。融则为中道观之第一义谛矣。非二谛外，别有第一义谛。亦非假空二观外，别有中道观。经中作如是说者，名为遮诠。盖以遮遣为说也。若《法华经》等说三谛者，则是表诠，乃以表显性德之二边不著，二边双照为说者。遮诠，则是说著有不是，著空亦不是，为说两边俱遣，则两边融矣。般若正以遣执为宗，故只说二谛。须知凡夫病在处处著，故妄想多。必当先用遣荡功夫，而后性德乃能彰显。故世尊先说《般若》，后说《法华》也。此义极当注意。又大乘佛法，彻上彻下。切不可高推圣境，以为此是出世事，与世法毫无干涉，则辜负佛恩。当知三空、二谛不明，即做人亦做不好。因畅说其理。以上分作三数座说之。

金刚般若波罗蜜经讲义卷二

（甲）次，别解文义，分三：（乙）初，序分。次，正宗分。三，流通分。

（甲）次，别解文义。

义因文显。且观照般若，实相般若，皆因文字般若而起。则经文中一字一句，其不能不考订明确也审矣。盖本经读诵广遍，因之由明迄今流通于世者，异本甚多。往往传写讹夺，或意为增减，各是其是，几令人无所适从。煦生也晚，幸值晋、隋及唐，如僧肇、智者、慧净。诸大德经疏，归自海外。而唐人写本，如柳诚悬诸人所书，閟在敦煌石室者，亦发现于世。煦得藉以互订参稽，考其真而正其谬。此实希有之遭，而亦后学者之责也。既别成校勘记一卷，附刊经后。若夫字句异同，虽一字之出入，而关系经义甚大者，今皆一一随文指出，明其义趣。孰正孰讹，较然可睹焉。读者详之。

经文大分三科。一名序分，二名正宗分，三名流通分。一切诸经，莫不如是。如是分判，起于东晋道安法师，即净土宗初祖庐山远公之师也。此说初起，闻者疑之。嗣就正于东来梵德，乃知西土于一切经，亦复如是分科。遂翕然悦服，成为定则矣。如本经，自如是我闻，至敷座而坐，是为序分。时长老须菩提，至是名法相，为正宗分。须菩提，若有人以满无量阿僧祇世界七宝，持用布施，至信受奉行，则流通分也。

（乙）初，序分，分二：（丙）初，证信序；次，发起序。

（丙）初，证信序。

如是我闻。一时，佛在舍卫国祇树给孤独园。与大比丘众千二百五十人俱。

此证信序，又名通序，诸经通有故。亦名经后序，佛初说经，本无此序，至结集时，始加入故。亦名遗教序，佛将涅槃，阿难尊者钦奉遗命，一切经首，当置如是我闻，一时佛在某处，与某大众若干人俱等语故。命置如是云云者，证明是佛所说，以起信故。故曰证信序也。

《大智度论》，谓此科之文，为六成就。盖凡结集一经，必具六缘，乃克成就。云何六缘，一者，如是，信成就也。二者，我闻，闻成就也。三者，一时，时成就也。四者，佛，主成就也。五者，在某处，处成就也。六者，与比丘众若干人俱，众成就也。六缘既具，则说法之主，说法之时，说法之处，闻法之众，及结集人负责证明自所亲闻，凡足以成就众信者，一一皆备。故曰六成就也。

初曰如是者，不异为如，无非曰是。凡人相信，则曰如是。不信，必曰不如是。今结集者一启口而郑重言之曰如是，所以明其言言如佛所说，辞义无谬也。则足以信今而传后矣。故曰信成就也。《华严经》曰：信为道元功德母，长养一切诸善法。信乃入道初门，故列在最初。次曰我闻者，我，阿难自称。特称我者，负责之词。且以明其自耳亲闻而非传述。上承如是，下复详列同闻之众，又以明其亦非私闻也。则如是如是，信而有征。故曰闻成就也。

世尊成道之日，阿难降生。至出家时，佛已说法二十年，因请佛将廿年前说,均为补说。阿难复得法性觉自在三昧,能于定中,彻了一切法。故结集法藏,必推阿难,亦是佛所亲许。如《法华经》曰"我与阿难,于空王佛所同时发心,我好精进,遂致作佛;阿难常乐多闻,故持我法藏"是也。结集时,阿难登座,身光如佛。众疑世尊重起说法,或疑他方佛来,或疑阿难成佛。阿难启口便曰:如是我闻云云。三疑顿断。世尊盖悬知必有此疑,故令一切经首,皆置如是等句耳。

结集之事,经律论中,有种种说。或曰小乘三藏,皆阿难集。或曰:优波离集律,阿难但集经论。或曰:论是大迦叶自集。又谓论为富楼那诵出。此名五百结集,亦名第一结集。时为世尊入灭之年,地在王舍城外,毕波罗窟。阿阇世王为外护。大迦叶尊者为上首。或曰五百众,或曰千众,或曰八万四千众。又称为上座部结集,以大迦叶为一切僧中上座故也。结集起于其年安居初之十五日。或曰:安居三月结讫。或曰:四月乃讫。或曰:其年十二月王死,大迦叶亦入狼迹山,大众便散。当是之时,又有不能预会之学无学众数百千人,欲报佛恩,去窟西北二十里,别集经、律、论,及杂集藏、禁咒藏,为五藏。因其凡圣咸萃,谓之大众部结集。此皆佛弟子,非佛灭度百年后之大众部也。婆修婆师罗汉为上首,亦阿阇世王为大檀越,种种供养。此见《法藏经》、《西域记》等书。其后更有三次结集:一则佛入灭百年许,耶斯那—作耶舍陀,一作须那拘长老为上首,集七百圣众。长老离婆多与萨婆迦,问答断论,专为律藏严净非法。是名第二结集。一在佛入灭二百三十五年,阿育王时,目犍连帝须为上首,集众六万,妙选千人。帝须造论,以破外道邪说。是为第三结集。最后,则在四五百年许,迦腻色迦王时,集五百罗汉,五百菩萨,迦旃延子为上首,马鸣菩萨造论,经十二年成毗婆沙论百万颂,以释经。译出者其一部分。或曰:世友菩萨为上首,造三藏论,各十万颂。是为第四结集也。或曰佛在世时已有结集。如目乾连造《法蕴足论》是。然此不过一部分撰述。若召众集会,作大规模之结集,实起于大迦叶、阿难诸圣众也。

大乘结集,约有两说:一谓佛灭七日,大迦叶告五百罗汉,鸣椎遍集十方世界诸阿罗汉,得八万八千众。于婆罗双树间,而使阿难升座。分集菩萨、声闻、戒律三藏。其菩萨藏有八:胎化藏为第一,中阴藏第二,摩诃衍方等第三,戒律藏第四,十住菩萨藏第五,杂藏第六,金刚藏第七,佛藏第八云。见《菩萨处胎经》。一谓文殊、弥勒诸大菩萨,将阿难于铁围山,结集大乘三藏,见《大智度论》。

至于密部，亦有两说：或谓尽阿难集。或谓金刚手菩萨为正，阿难为伴。后说盖据《六波罗蜜经》。经中佛将诸法摄为五分，告慈氏菩萨曰："我灭度后，令阿难陀受持所说素呾缆藏_{此云经藏}，其邬波离_{即优波离}受持所说毗奈耶藏_{此云律藏}，迦多衍那受持所说阿毗达磨_{此云对法，即是论藏}，曼殊室利受持所说大乘般若波罗蜜多，其金刚手菩萨受持所说甚深微妙诸法总持门。"是也。

表法。表法者，销归自性也。听经闻法，重在将经文销融，一一归到自己本性上体会，方得受用。此段文，本是境缘事相，尚可销归自性。则向后经文，可以例知。推之，若对于一切境缘，皆能如是领会，则受用无穷矣。注意注意。

如者，如如不动，谓当人本具之性体。是者，当下即是。一切凡夫，虽此性当下即是，而生灭刹那不停，并不如如者，何也？我执为之障故耳。故必破其小我之执，而会归于大我。大我者，所谓一法界，即心佛众生，三无差别，常乐我净之我也。此中我字，当如是会。闻者，返闻闻自性也。将欲会归，必当返闻，不能向外驰求，背觉合尘也。一时者，所谓十世古今，不离当念，亦即三际心不可得，当如是领会也。

上文我字，是令领会一法界，则空间之障碍除。此一时字,是令领会无三际,则时间之障碍亦除。本来性体,如是如是,当如是返闻也。凡夫忘其本来久矣。今欲返照,须得方便。六根中,惟耳根最为圆通。所谓十方击鼓,十方齐闻。于性之本无障碍,较易领会。故令从耳根入。以耳根具足千二百功德也。千二百,不过表其圆满无碍。因十方之纲,只是四方。(四隅及上下,皆由东南西北开出,故为馀六之纲,此约横说。三世则约竖说。横竖交参,为十二。表其无尽,曰千二百也。)与三世相乘,则为十二。百倍之,则为千二百。

佛者,自性天真佛也。双遮双照,中道圆融,自性本如是,是为自性之舍卫国。战胜五阴之魔,而绍隆佛种,是为自性之祇陀太子。庄严福慧,功德之林,是之谓树。舍父逃逝之子,今返家园,承受父业,衣里明珠,不劳而获,是即自性之给孤独园也。大者,大悲大愿。比丘者,远尘离垢。众者,理事和合。千二百者,圆满耳根返闻之功德也。五十五人,即十信、十住、十行、十向、四加行、十地、等觉五十五位也。盖谓如如不动之本性,当下即是。果能横竖无障,如是返闻,则自性天真佛,便如是而在。而与大悲大愿,远尘离垢,理事和合,圆满返闻功德之五十五位菩萨摩诃萨为伴侣矣。则灵山法会,俨然未散。且谓在灵山亲闻妙法也可,即谓灵山在此寸心也，亦无不可。何以故？自性天真佛，与释迦牟尼佛，已心心相印故，光光相照故。则已见证信序之境相为非相，而见如来。故诸善知识，此之如是，非对经本则如是，不对经本便不如是。亦非在此讲经听经之座则如是，离座便不如是。更非在法会如是，出法会外便不如是。当于一切时、一切事、一切境皆见诸相非相。则动静一如，无往而不是矣。珍重珍重。

（丙）次，发起序。

尔时，世尊食时，著衣持钵，入舍卫大城乞食。于其城中，次第乞已，还至本处。饭食讫，收衣钵，洗足已，敷座而坐。

佛为出家制三衣。一名安陀会，此名五条。剪布为方块，缝而联之如田，故名福田衣。五条者方形大，九条则方形渐小。亦名著体衣，作务及坐卧著之。一名郁多罗僧，此名七条。讲经说法，则加于五条之上著之，故又名上衣。五条又名下品，七条又名中品，九条又名上品。若居稠人广众，或入大都会，以及王宫，则著九条者，梵名僧伽黎，亦名大衣。今将入城乞食，故特著大衣也。三衣，总名袈裟。袈裟者，杂也。非但以色有青黄赤黑紫为杂也。此依《梵网》说。他书或但说青黑赤，或但说赤，或曰：赤衣上加青黑等点。以不用正赤色。或兼青，或兼黄，或兼黑，或兼紫故。不但赤非正赤。即青、黄、黑、紫，亦非正青、正黄、正黑、正紫。是之谓杂。如此说法，系博采众说而融会之，知其乃是如此，古无如是明白说者。故赤而偏青，则成黑泥之色，故谓之披缁。赤而兼黄，则谓之木兰色也。紫色，亦是赤兼黑而成，皆非正色。故又谓之不正色、坏色、染色。所以如此者，取其与在家人别，亦示不住于色之意。《增一阿含》云：染作袈裟衣，味为袈裟味。故袈裟训杂最妥。如此之色，则暗淡无光彩，亦是不炫耀之意。著衣持钵乞食，等等，皆戒律制定。世尊如此，即是本身作则，教人持戒也。钵等，皆如常说。

乞食有多义。略言之，降伏我慢故，不贪口味故。这家布施甜，他家或布施咸，故名袈裟味。专心修道故，以上就出家边说。令见者生惭愧心故。出家本为度众生。欲度众生，须先断惑。断惑必须苦行，使一般人见之而生惭愧。曰：以度众生故，而自苦如此，我辈乃如是之贪口腹图安逸乎。庶几道心增长，俗念减少。则乞食之有益于众生也大矣。岂但令人布施，种福田而已。故乞食便是出家人修极大之福。古德因虑信心不多,必遭毁谤,不得已置田自种,已违佛制,已极痛心。安可如今人所言,更要比丘兼营他业,则又奚必出家为。破坏佛法,大大不可。欲佛法大兴,非行乞食制不可。如曰东方不可行,今日不能行,则暹罗至今犹遵佛制而行,安见今日东方不可行哉!但须信心者多,然后能行耳。敷座而坐,将以入定也。照规坐前尚有经行。今不言者,示用功要紧,不可片刻偷安之意。

说此大经,而发起于日用寻常之事,殊为奇特。故善现启口便叹希有。然奇特实无异寻常,故善现继之而曰:善护念,善付嘱也。可见此文,关系全经,理极幽微而亲切。若草草看过,岂不辜负。今开十重,略明其义。前四重,约法以明。后六重,约教化以明。

(一)示现著衣乞食,奔走尘劳,俨同凡夫者,佛不住佛相也。即是显示佛之无我相。全经宗旨,在于破我。今示现无我,不说一字。亦即示佛之无法相也。虽不说一字,而实示以无我法。又所以示佛之亦无非法相也。三空之理,彻底全彰矣。此之谓善付嘱。

(二)如上所明,是大智也。修菩萨行,必应悲智具足。故详谈时,启口便令应度所有一切众生。而今之示同凡夫者,四摄中之同事摄也。乃我世尊大慈大悲,不舍众生,而本身作则,为诸菩萨摩诃萨作榜样耳。此之谓善护念。综而观之,以大智而行大悲,空而不空也。因大悲而显大智,有而不有也。空而不空,谓之妙有。有而不有,乃是真空。岂非即空即假,即假即空,二谛观融,宛然中道之第一义谛乎。是则于寻常日用间,已将理显三空,观融二谛之全经要旨,合盘托出矣。此之谓希有也。

(三)佛说他经,往往放光动地,以为发起。示一切诸法,皆自般若正智而出,即法法莫非般若也。前说般若中,亦曾放光动地者,示般若正智之能拔住地无明也。今第九会说金刚般若,又不如是者,所以示并般若法相亦不著也。故本经曰:佛说般若波罗蜜,则非般若波罗蜜。须知并般若而不著,乃为般若波罗蜜耳。此不取于相之极致也。

(四)未说本经前数十年中,日日如此示现。既说本经后直至涅槃数十年中,亦复日日如此示现。可见示现云者,他人见之云然耳。佛无是念,我为大众作此示现也。盖无一刹那间,不在二谛圆融大空三昧中。他人所见之示现云云,皆从大空三昧中自在流出耳。佛则行所无事,初无容心也。此是如如不动之极致。全经千言万语,归结处则曰:受持读诵,为人演说。云何为人演说，不取于相，如如不动。可知此八字，为全经之扼要处，亦即为学人受持演说之扼要处。今于日用寻常，即是显示金刚般若之扼要。可不谓之希有，善护念，善付嘱乎。上来约法以明发起序之义竟。

（五）一切众生，同具佛性，即是人人本具有法身如来。然其法身如来，藏而不显。所以藏而不显，不谓之如来，但谓之如来藏者。以其奔走衣食，背觉合尘，久已忘却本来故也。今以法身如来，示同凡夫，奔走尘劳者。无他，欲令一切尘劳中众生，各各回光返照其本具之如来藏耳。

（六）博地凡夫，障深业重。今欲返照，非善为启迪，勤加熏习不可。今说此经，而发起于乞食等事者，指示众生受持此经，当视同家常茶饭，一日不可离也。如是久久熏习，庶几信心增长，于无明厚壳中，露出光明来。

（七）然而最上乘经，甚深微妙。今得见闻受持，而欲领解如来真实之义，非具有相当资格，亦莫得其门而入。本经云：后五百岁，有持戒修福者，于此章句，能生信心，以此为实。信者，入道之门也。以此为实者，解其真实义也。可见解其实义，乃为实信。上文问生实信。今答曰：能生信心，以此为实。是明明告以能生信心，由于以此为实，亦即实解，乃是实信。实信者,别于悠悠忽忽之信也。而实信则由于持戒修福。然则欲入此门,持戒修福,顾不重欤。何以持戒修福,能生信心,以此为实。其中关系,理甚精微,俟当文详之。今著衣持钵,乞食等事,皆佛制定之戒律。依此而行,便是持戒。而乞食,则令一切见者闻者,生惭愧心,增长道念,不但令行布施种福田已也,乃是修福。金刚般若,发起于持戒修福者,正指示众生以起信入门之前方便也。

(八)乞食等等,持戒也。敷座而坐,将以入定也。由戒生定,由定生慧。故序以为说金刚般若之发起者,又指示众生以无漏三学,一定之程式。以明持戒修福,能生实信,而入门矣。然欲般若正智现前,又非修定不可也。

(九)修行之要,要在理事双融。静中养得端倪。更当于对境随缘时,勤勤勘验。古人谓之历事锻心。此是修行最要一着。二边不著之理,必须于吃饭穿衣时领会,必须于寻常日用中做到。庶几乎达于动静一如,则无往而不是矣。此又般若发起于乞食等事之微意也。

(十)尤有妙者,此发起序,即是的指尘劳中人以下手方便也。既为夙业所牵,落在臭皮囊中。奔走衣食,其孰能免。为之逐末而忘本固不可,若因摆脱尘劳不得而生烦恼,又奚其可。道在善巧利用其环境，则何处不是道场哉。每晨著衣出外，各勤其乞食之职务。务毕即归。应酬等不相干事，可省即省。此还至本处四字，急应着眼。归后，即将饮馔洗濯等等，应行料理收拾之事完毕。即当静坐，摄念观心。此敷座而坐四字，尤应着眼也。今人终日忙碌，应酬既多，归后又不摄静。纵令念佛诵经，功课不缺，而此心从未少用静摄之功。所以尽管念诵，尽管妄念纷飞，有何益处。又于不著相，及不著非相乃是法与非法二边不著等道理，从不留心体会。所以修行多年，依然见境即迁，随缘便转，脚跟一点立不牢，自己即毫无受用。甚至大破戒律，无所不为，自以为不著法相，殊不知早取著了非法相矣。自己堕落，又牵引无数善男信女，一齐堕落。此皆由于从未摄念观心，从未于不住相，及二边不著之要义，体会了解，以致如此，岂不可怜。故此中还至本处，敷座而坐八字，正是吾辈奔走尘劳中众生的顶门针、座右铭。以此为发起，正的示般若不是空谈得的。须要依文字，起观照，刻刻不放松，事事勤勘验，方许有少分荐得。上来约教化以明发起序之义竟。总此十义，以为发起。不但无上大法之理事全彰，并修行者预备之方，入手之法，亦尽在里许，真希有也。若不一一领会，如法而修，岂但辜负护念付嘱的希有世尊哉,并辜负此希有之发起序矣。

尔时。正当说听具足机缘成熟之时也。

世尊,别有十号,总称世尊。因具十号之德,为世尊崇,故称世尊。此依大论,十号者:(一)如来。诸法一如为如,不来而来为来,此约性体表德;(二)应供。应人天之供养,此约大悲大愿表德;(三)正遍知。知一切法,即假即空,莫非中道。一空一切空,一假一切假,一中一切中,无偏无倚,寂照同时,为正。三谛理智,圆融无碍,智周沙界,鉴澈微尘,为遍。此约寂照同时表德;(四)明行足。有二说:《大涅槃经》说:明者,得无量善果。指阿耨菩提。行足者,能行之足。指戒慧,此中即摄定。谓得无上菩提,由乘戒慧之足。此约修因克果表德。《大论》说,明,即宿命、天眼、漏尽三明。行,指身口意三业。唯佛三明之行具足。约此义言。是约神通表德;(五)善逝。犹言好去。谓入无余涅槃。所谓生灭灭已,寂灭现前也,此约断证表德;(六)世间解。一切有情非有情事相,无不解了,此约后得智表德;(七)无上士。在一切众生中,佛为无上,此盖即位表德;(八)调御丈夫。或以柔软语,或以苦切语,善能调御丈夫,使入善道。无问男女僧俗,如欲远尘离垢,非具有大丈夫气概果决坚定之心志不可。如是之人,唯佛能调伏而驾御之。此约教主表德；(九)天人师。为人天之表率。譬如日光遍照,无不蒙益,此约普利表德；(十)佛。自觉、觉他、觉满,名佛陀耶,此约究竟觉果表德。其他经论,或合应供,正遍知,为一,曰应正遍知。或合善逝,世间解,为一。或合无上士,调御丈夫,为一。或合佛,世尊,为一。种种不同。盖因经言,佛具十号,故以合为十数为准。唯大论,从第一如来,至第十佛,分为十数,而以世尊为十号之总称,似乎最为得宜。

食时。三世诸佛定规,过中一发,即不得食。今谓食时将到,宜先往乞也。藏律中言食时,其说不一。今且述其一说。丑、寅、卯,为诸天食时,是名初分。或谓寅、卯、辰,为初分,圭峰纂要依此说。辰、巳、午,为人间食时,是名中分。未、申、酉,为畜生食时,是名晡分。戌、亥、子,为神鬼食时,是名夜分。盖谓各道众生多在此时,或宜于此时就食,非谓一定不移。唯佛法制定,过午不食。用意深广。如律中说。乞食之时,大约在辰时左右,以太早太迟,不能得故。防无所施,致恼他。无所获,复恼自也。

著衣。佛制三衣。一,安陀会,义为中著衣。衬体所著也。行道谓修行时。或作务可用。即是五条。名下品衣。二,郁多罗僧,译义曰上衣。亦名中品衣。即七条也。亦可入聚落或说法。若遇大众集会,宜著大衣。三,僧伽黎,义为众聚时衣。即大衣也。又名上品衣。亦名福田衣。即是九条乃至二十五条。若入王宫、王城、聚落,凡大众集会,威仪严肃时处。或授戒、说法、乞食等。应著此衣。自五条至九条,皆谓割截布成方块,缝而缀之。条数少,则方块大。条数多,则方块小。小则密密如田之界画分明,故惟九条称福田衣。十条以上,则因身量有魁伟者,衣量亦随而宽博,故条数增多耳。天竺寒地,三衣许重著。东土因寒冷及习惯故,多就普通衣上,加而被之,故无重著之风。惟喇嘛中有之。三衣统称袈裟。袈裟,梵语,依色立名,谓色之不正、坏、浊者。故引申之,杂味亦名袈裟味。不正者,意明杂。色杂,则色坏而浊矣。所以黑须如泥。青当似铜青。旧铜色也。赤,则或赤多黑少,曰木兰色。川中有此树。日本名香染色,丁子香所染也。即天竺所谓乾陀色。或赤黑相参如紫。寄归传曰:或用地黄屑,或荆蘗黄等,研赤土赤石汁,和而染之。总之,不许用青黄赤黑紫之光鲜正色。须兼杂色,令带暗浊。《四分律》云:一一色中随意坏,是也。若缦条衣,乃沙弥、沙弥尼之衣,谓漫漶无条相也。大僧无三衣者,可通用。优婆塞等,亦许于礼佛等时，暂尔借著，不得常披。佛法东来之初，出家人未知割截之制，但著缦条而已。经历百八十七年之后，乃始知之。

持钵。梵语钵多罗，此翻应量器。谓食应其量，勿过大以制贪。亦曰体色量，皆与法应。体限铁瓦等制，不许木制，以外道所用故，易垢腻故。色取朴素。量如上说。省曰应器，乃谓贤圣应供之器也。释迦成道，四天王取龙宫供养之过去维卫佛绀琉璃石钵，化而为四。各持一以奉献。世尊复合四而为一，持以乞食也。

入舍卫大城。园在城东南五六里，故曰入城。城周六十馀里。内城居家九亿，地广人稠，故称大。

乞食。佛制，不许出家人用四种方法谋食养命：一者，种植树艺，名下口食；观察星象以言休咎，曰仰口食；交通四方豪势，曰方口食；卜算吉凶等，曰维口食。统名不净食、邪命食。唯许乞食，名正命食，乃出家之正道也。何谓正道？折伏我慢故，不贪口腹故，专意行道故，令一切人破悭增福故。至佛自乞食，准缨络经，含有多义。如使一切人不生憍慢，令一切障碍众生皆得见佛获益，垂示出家人不应蓄积故。

于其城中，次第乞已。次第者，逐家依次而乞，不加拣择。乞已者，或尽钵满，或止七家，非谓次第乞遍一城也。连下句言之，乞已即还，不少瞻顾也。

还至本处。由城还园。

饭食讫。饭者，吃也。如《论语》中，饭疏食之饭。讫者，毕也。《宝云经》言，乞得之食，分作四分。一分，拟与同梵行者；一分，拟施贫病乞人；一分，施水陆众生；留一分自食。《十二头陀经》不言与同梵行者，各有用意，宜合而行之。不言者，以皆应自乞。今言者，以或有他缘，不暇乞者故。今于梵行贫病二种，皆言拟与拟施，明不一定，有则与之。若水陆众生，则一定应施，故不言拟耳。

收衣钵。不收，则未免挂念，不能安心修道。

洗足已。为护生故，跣足行乞。印土常著草履，易伤生命。恐著尘染，故须洗之。连下句言，事毕即修观，以道为重也。

敷座而坐。敷座者，敷，展也。座，坐具也。行住坐卧四威仪中，行易掉举，住易疲劳，卧易昏沉。修行者唯坐为胜，故出家人多有不倒单者。结跏趺坐，为佛门常式，故略不言。跏趺有四益：一，身心摄敛，速发轻安。二，能经时久，不令速倦。三，不共外道，彼无此法。四，形相端重，起他敬信。

以上自著衣至而坐，皆我佛慈悲，曲为大众以身作则耳。世尊初不必如此也。何以言之。如《缨络女经》说，化佛身如全段金刚，无生熟二藏。《涅槃经》云：如来之身，非杂食身。何须乞食。而示乞食者，除上已举使一切人不生憍慢三义外，无非为修行人垂范。既不须食，又云饭食讫，不知究竟食否？此有二义：一，若竟不食，施者福不得满。佛慈令他满愿，亦常随众而食。二，有说食欲至口，有威德天在侧隐形，接至他方，施作佛事。此盖佛既示食，令施者福满，而又以神力移作佛事。是食与非食，二义无碍矣。又《阿含经》说，佛行离地四指，莲花承足，原不必洗。而今一一示现如是等事相，岂非曲为大众作模范乎。

上来所说头一段，不过是依文销义。第二段说的，作人模范云云，亦为普通之义。最要紧的，是要明了本经为何序此等事相作为发起呢。当知此中，大有精义。这正是亲切指点，要人向行止动静中体会。试思如来为度众生故，非生现生，示同凡夫，何日不穿衣吃饭，即何日不是以身作则。为什么各经之首，多序放光动地。今欲宣说一切法的总持，出生诸佛之金刚般若大法，却偏偏序此一段日用寻常的事做发起。奇不奇？妙不妙？奇妙不在奇妙处，奇妙是在粗浅处。要知道极平常的事，与极高深的理，是有密切关系的啊。古今诸家，或看出是戒定为发起。或举如如不动的景象为发起。或谓日用事不可等闲看过。或曰：著衣吃饭，即是放光动地为发起。各有所见，各具其妙。兹酌采诸说，更从针对经文的要旨方面，引证揭明，使人较易体贴。义蕴既深，一时言之难尽。姑概括为十重，大略说之。

（一）般若，是长养慧命，绍隆佛种的要法。犹之衣食，是世人护持色身，承先传后的要事。今举此著衣乞食等等为发起，正令发大心的人，明了这般若法食，是不可须臾离的。所以经云：受持读诵，广为人说，则为荷担阿耨菩提。又云：当知是人，成就最上第一希有之法。又云：是经所在之处，即为有佛，若尊重弟子。从这几句经文的反面一看，便可懔然是同衣食一样，关系甚大，不可暂离的了。故以之为发起。

（二）经云：后五百岁，有持戒修福者，于此章句，能生信心。可见持戒修福，是般若入道之门。乞食是戒律制定的。今示著衣持钵，次第行乞，既是引导众生持戒，亦是普令众生修福。经颂所谓法身本非食，应化亦如然，为长人天福，慈悲作福田，是也。世尊日日乞食，便是日日发起众生的堪入般若的信根。今于欲说金刚般若之先，即序以为发起，何等亲切。

（三）圭峰大师说：戒能资定，定能发慧，故以戒定发起。须知慧无戒定，乃狂慧非正慧。乞食是戒，敷座而坐，所以入定。既示戒定事相,然后说甚深般若,岂非显示三学的一定程序,令人知所先后乎。又经中但说慧,特于发起中补足戒定。佛菩萨为度众生,恳切周到,如是如是。

(四)一切学人,能向衣食起居尘劳边锻炼,便是降伏妄心最要之方。盖贪求衣食,不惮尘劳,固是著相。即厌其尘劳而生烦恼,亦是著相。必须对境随缘,既不迷,亦不烦,乃是安心之法。故经云:一切法,皆是佛法。又经中多就布施等度上说降住,亦是此意。试思吾辈凡夫,那一个不要衣食,摆既摆不脱,贪又贪不得。又既发大心学佛,布施度生等事,皆是必须学的。要不在一切皆如上用功,则一日到夜,不是著有,便是著空,何时方能讨一个自在。就是一句佛,又何能念得好。弘法利生等事,亦必学不好。今在穿衣吃饭上,发起二边不著,一切皆如的甚深般若,令人领会得,即在此等事相上用功。既不可执有昧空,而取法相;更不可离有说空,而取非法相。真大慈大悲也。

(五)如来的随顺凡夫,著衣乞食者,是明不著果位之相也。正是经中所云:如来者,即诸法如义,是也。须知果如,因亦如。所以应离一切相,发阿耨菩提心。而降伏之道,尽在其中矣。以果德之不著相,发起因行之不应著相。真所谓因赅果海，果彻因源。妙极妙极。

（六）《金光明最胜王经》有言，五蕴，即是法身。五蕴，乃缘生之幻有。法身，是寂照之真空。这就是叫人要即幻有，见真空，非断灭相。本经种种遣相，而归重在于法不说断灭相，亦是此意。当知所谓第一义空者，正须不取著，复不断灭，方称第一义。此是学般若的紧要之点。而如来以法身示现凡夫衣食等幻相，正是要凡夫就各人幻相上，体认本具之法身。但勿逐妄，何须妄外求真。倘或执真，可是真中起妄。经中如应无所住而生其心，应生无所住心，凡夫非凡夫，众生非众生等等，莫非说明不取不断，不即不离之义。然则本经之发起，可谓切要极矣。

（七）如来示现乞食，而乞已即还本处。吾辈凡夫，只知忙于谋食，终日终年，向外驰求，从不知返照本性。又如来示现食已，即收拾一切，摄静入观。吾辈凡夫，则饱食以嬉，躁动不息，几曾静得片刻，更何能修观耶。须知般若慧力，从内照生，而内照必先静摄。今用此等句发起，正指示吾人一切世缘，来则应之，事过便当收拾，掷过一旁。即复返观静照，背尘合觉，方堪发起般若本慧也。注意注意。

（八）一部《金刚经》要旨，惟在云何降，云何住。然而谈何容易。达天法师云：一有所住，觉心便亡。才欲施降，妄心愈炽。是须无降而降，无住而住。所谓无降降，无住住，云何下手耶。今观世尊穿衣吃饭，行街过巷，洗足敷座，琐琐屑屑，并非一时如是。度生四十九年，便四十九年如是。以金刚身无须饭食，无须洗足，且无须学定。然而为众生故，日日行之，行所无事，真是平等如如。这一段本地风光，便是降心住心的大榜样也。吾辈必当如是修学。凡遇境缘来时，皆须如教而行，行所无事。行所无事，便是无降而降，无住而住。如此庶可契入般若深旨乎。

（九）上来所说无降而降，无住而住，恐犹未了。请复说之。世尊迥不犹人，何以示现凡夫行径，而了不异人。当知因其了不异人，所以迥不犹人耳。吾辈当从此点上体会，且向自身上体会。何以故？虽是凡夫，而本具有如如佛性故。何以故？不取于相故。吾辈学般若，当从不取于相用功。不取者，谓不离一切相，而不著。若偏以无相当不著，是又取非法相而为断灭矣。故经云：若见诸相非相，即见如来。诸相非相者，虽有诸相而不著之谓。又云：不取于相，如如不动。惟其不取，所以得见一切法相非法相。不取，便是无降而降，无住而住也。经首以不取相为发起，其旨深矣。

（十）综合以上所说，可见发起一序，全显第一义空。你看如来示同凡夫者，为利他耳，无我相也。般若妙法，任运由琐屑事相上自在流出，无法相也。无须乎食而行乞食，乃至示现洗足敷座等，以不言之教，护念付嘱一切发大心者，亦无非法相也。于此荐得，真空理智，宛然心目。发起之精，孰逾于此。

诸君须知，所以就发起序上，说而又说，不敢惮烦者，无他，欲使诸善知识，知得云何起信，并明了三空理智，随事可见。好向穿衣吃饭时，行止动静时，随时如是观照，当下可得受用耳。然后方知一部金经，真是除苦厄的良方，入佛智的捷径也。尊重尊重。

（乙）次，正宗分，分二：（丙）初，当机赞请；次，如来赞许。（丙）初，又二：（丁）初，礼赞；次，请法。（丁）初，又二：（戊）初，具仪；次，称赞。

（戊）初，具仪。

时长老须菩提，在大众中，即从座起。偏袒右肩。右膝著地。合掌恭敬而白佛言：

时，即指世尊乞食还园之时。此时字最宜着眼。下文希有之叹,即跟上文著衣持钵一段文而来。结经者安一时字,含有无穷感慨在里许。世尊著衣持钵乞食,日日如此,大众见如不见。此次机缘成熟,乃为须菩提一眼觑破。般若大法,世尊不常说,即说亦必待机缘成熟方可。此真希有难逢,所谓千载一时也。

长老,齿德俱尊之称。唐译曰具寿,惟显年老。魏译曰慧命,唯显德长。罗什顺此方文义,译为长老,兼含二义。

须菩提亦翻空生,亦翻善现,善吉。彼之俗家,富有财宝,当彼生时,家中库藏金银悉空,故名空生。既生七日,库中财宝复现,故名善现。又相师占云:此子善吉,不须顾虑,故名善吉。初生时库藏空,是表显空理。其后财宝复现,表显空非偏空也。《西域记》云:须菩提本是东方青龙佛陀,影现释迦之会,示迹阿罗汉,辅助释迦牟尼行化。在佛门中,解空第一。空而不空,方是真空,方是第一义空。诸弟子不若须菩提之领悟最深,故般若会上,必以须菩提为当机,代大众请问也。

须菩提为大众启请,含有四要义:一,普通大众,日日见世尊著衣持钵与寻常乞食比丘相同,茫然不知用意何在。故必待示迹声闻之须菩提,为之启请。二,此已至第九会,世尊在寻常穿衣吃饭时,善护念善付嘱般若大法,将第一义空最深之理,和盘托出。大众当然不能明了,非须菩提亦不能为之启请。三,佛门长老,不止须菩提一人。然解空不如须菩提,故当机请法,非须菩提莫属。四,会中尚有菩萨摩诃萨,何不启请,而让须菩提单独请问。盖佛说般若,正为阿罗汉,兼为菩萨。若菩萨启请,则阿罗汉或将疑此为菩萨之法,与我们无涉。今让须菩提启请,则可防此疑。须菩提启请,完全为大众起见,下文开口即说善男子、善女人。故在大众中一语,含有种种意义在内。即者,便也,有迫不及待之意。世尊敷座而坐,大众亦然,故须菩提即从座起。从迹上讲如此。若从本上说,须菩提早已成佛,世尊说般若,已经八会。何以必待第九次说金刚般若时,方从座起而请。可见凡事必需时节因缘四者俱全,方能凑合。世尊说般若是时,说金刚般若是节,有种种因,有种种缘,至此因缘具足,须菩提乃当机请问此大法也。袈裟在左肩,故右肩可偏袒。佛制,袈裟平时不偏袒,必恭敬时方偏袒。凡人作事,必用右手,行则右足先上前,此表示有事弟子服劳之意。此经重在荷担菩提,弟子正宜肩此责任也。礼拜时双膝着地。如忏悔则跪右膝,古人名曰胡跪。着地者,脚踏实地,表法即实际理地,即实相,令人证得本性。合掌者,两掌相合,不执外物。吾人两手东扯西拉,全是尘垢。今则合之,即是背尘合觉。偏袒至合掌,是身业清净。外貌端肃谓之恭,中心虔恪谓之敬,是意业清净。而白佛言,白是表白,将自己意思表白出来,此是语业清净。以上皆结经者之辞。

(戊)次,称赞。

"希有,世尊!如来善护念诸菩萨,善付嘱诸菩萨。

通常说希有。归纳起来,有四义:一,时希有,如来出世,旷劫难逢故。二,处希有,三千大千世界中,唯有一佛故。三,德希有,福慧殊胜,无比并故。四,事希有,慈悲方便,用最巧故。以上四者,是通途之说。今谓希有,乃正指般若波罗蜜而言。世尊,是总号,称呼时用之。称佛则表果德,称如来则表性德。须菩提于佛之穿衣吃饭等,见得诸相非相,即见如来,故开口即称如来。他老人家以法身如来,示现凡夫,此正在那里表示不住一切相。以法身如来,何故示同凡夫,即是不舍众生,即是护念。不舍众生,是大悲。而以法身如来示现,即大智。此大悲从大智而生,是有而不有。有而不有,方是妙有,方是不碍真空之妙有。以不碍真空之妙有来护念,岂不是善。现迹同于凡夫,正表示法身如来,不住一切相。金刚般若之精义,完全托出,此乃以不言之教来付嘱。不言之教是大智。此大智从大悲而生,是空而不空。空而不空,方是真空。方是不碍妙有之真空。以不碍妙有之真空来付嘱,善莫善于此矣。不论护念付嘱,无非空有双彰。全经发挥真空妙有之精理,处处可见。明乎此,则脉络贯通矣。希有之叹,固是旷劫难逢之意,然亦含有难得领会之义在内。此以下文"我从昔来所得慧眼,未曾得闻如是之经"及"我今得闻如是经典,信解受持,不足为难。若当来世,后五百岁,其有众生,得闻是经,信解受持,是人则为第一希有"诸语观之,皆可证明信解之不易也。须菩提意谓我从昔至今,方看出如来之护念付嘱。大众虽不能领会,世尊总是如此示现,更为希有。护念付嘱,所以俱言善者。护念属于心,付嘱属于口。若待起心护念,则起心时方护念,不起心时即不护念。若待发言付嘱,则发言时方有付嘱,不发言时即无付嘱。均不能称为善。今以如来入城还园,如如不动,密示住心,以身作则,正是加护忆念。又以食讫宴坐,一念不生,密示降心,令众取法，正是托付谆嘱。动静之间，以身教不以言教。随时随处，无不为菩萨模范，此真所谓善。须菩提开口叹为希有，良有以也。

（丁）次，请法。

世尊！善男子、善女人，发阿耨多罗三藐三菩提心，应云何住？云何降伏其心？"

通行本作云何应住。今依唐人写经本，作应云何住。

上文诸菩萨，即指此善男子、善女人而言。因其发无上心，即有成佛资格，即可称菩萨。善者，善根。发无上心者，非有大善根不可。凡人皆有善根，若无善根，则不能入人道中，亦不能闻此大法。然若不发心，则虚有此善根，岂不孤负。佛经中往往呵斥女人。又常说女人障重，不能成佛，必先转男身方可。有疑及佛法平等，若女必先转男身，是不平等。此则未明佛理，先批评佛法，是大不可。要之女子的确障重，一有生育障碍，二往往误认爱为慈悲。慈悲是平等的，初无亲疏厚薄。爱是生死河，误用即堕入轮回。佛眼中初无男女相，所以说女子障重，是要其特别注意，不要受此障碍。

只要发大心,一样成佛。此处须菩提所以双问。发者,生也,起也。谓发起上求佛道下化众生之心,期证无上果也。发字贯上下文,义通能所。上文善男善女为能发,下文阿耨等为所发。

梵语阿耨多罗,此云无上。三藐,此云正等。三菩提,此云正觉。合云无上正等正觉。正觉者,拣异凡外之不正。以凡夫有我,不能自觉。外道有觉,属于偏邪。非正觉故。正等者,拣异二乘之不等。阿罗汉皆得正觉,然畏生死如牢狱,急于自度,缺少慈悲心,不能修善度生,无平等心故。三藐,正指菩萨言。正等者,自觉觉他,自他均等也。无上,拣异菩萨之有上。菩萨觉虽正等,然尚不如佛之觉行圆满。无上,正指佛而言。此善男子、善女人所发者,即佛之无上觉心。心是灵明觉照之体,在用上分真妄染净。今依菩提而发,显见是真是净,非妄染也。《大论》云:从因至果,有五种菩提。一发心菩提,即十信位。二伏心菩提,即三贤位。三明心菩提,即初地至七地。四出到菩提,即八地至十地。五无上菩提,即如来果位。今约能发心,即当第一。约所发心,即当第五。能所合论,贯通初后也。是知无上属果,正等正觉属因,所发之心,通乎因果也。应是应该,此字贯下二句。住是止于一处。降伏是克制摄持。其心之心字，指妄染而言。问有三意，凡为菩萨，须发菩提心，故先问发心。初发是心，不能如佛之随缘安住，故次问住心，意在求佛指示方法，能令此心相应而住。又以妄心数起，不能似佛之自然降伏，故次问降伏，意在求佛指示方法，能令妄心自然而降。

发心，先也。然必须发大心，方能修大行，得大果。《华严经》云：忘失菩提心，修诸善果，魔所摄持故。善男女初发心时，即应以成佛自期，发阿耨多罗三藐三菩提心。无上者，正是所求故。欲求无上，必须修福度生，故次云正等。欲度众生，应先自度，故次云正觉。逆言之，即自觉觉他觉行圆满也。论云：初发究竟二不别，如是二心先心难。发心菩提，至无上菩提，是一心非二心。然初发心难，故须菩提先举发心为问。住降，后也，有人先曾发心，后时忘失，此是不知真心如何安住，致妄心不能降伏也。故善财童子，每遇善友，皆启请云：我已先发阿耨多罗三藐三菩提心，而未知云何学菩萨行，修菩萨道。是知发大心者，必修大行。住降，正修行之切实下手处也。故次问住降。然此二问，实在相资。以觉心住，则妄心不降而降。妄心降，则觉心不住而住也。

（丙）次，如来赞许。又二：（丁）初，赞印；次，许说。

（丁）初，赞印。

佛言："善哉善哉。须菩提，如汝所说，如来善护念诸菩萨，善付嘱诸菩萨。

结经者此处安佛字，有深意。佛是究竟觉之果；上文发心人，正是修因。欲知山下路，须问过来人。此安佛字，即如是因，如是果。反之，即如是果，如是因。善哉善哉是赞。如汝所说是印。第一善哉，赞其善契如来本心。数十年示现尘劳，默默护念付嘱，绝未有言说，今须菩提独能见到，故赞之。第二善哉，是赞其代众启请。佛之苦心，即要善男女发心去学。然无人能请。今须菩提独能请问，以完如来本愿，故又赞之。人家不能问，汝独能问，故第一善哉，是赞他之大智。问法不为自己，而为大众，故第二善哉，是赞他之大悲。汝真能见到我之不住佛相，而护念付嘱，故云如汝所说。盖如此护念付嘱，大众不了，唯须菩提独能指出，故印可其说也。如来二句，原是须菩提赞佛之语。今佛极力承当，谓如来之护念付嘱，如汝所说，一点不错。是欲令众生于如来著衣持钵去来动静中，领取护念付嘱之意。

（丁）次，许说。又二：（戊）初，总示；次，详谈。戊初，又二：（己）初，诫听标宗；次，契旨请详。

（己）初，诫听标宗。

"汝今谛听，当为汝说。善男子、善女人，发阿耨多罗三藐三菩提心，应如是住，如是降伏其心。"

须菩提岂有不谛听之理。佛之诫，是为大众，及现在我们众生。谛者，真实正确也。一不可以贡高，二不可以卑下。倘犯此二病，即不能谛听，即听亦不能正确。有人稍研求经论，即自以为通晓佛学，此犯贡高之病。有人高推圣境，以为如此大法，我们如何能解，此犯卑下之病。贡高是慢，卑下亦是卑慢。如此听经，即不能真实正确。是以学佛者务须免除以上二病，虚心领受，故云谛听。既能谛听，岂可不说。故云当为汝说，意谓倘若不谛听，我即不当为汝说，此语是警策我们，在听经时，从前知见，必须一切抛开，不可放在心里。善男子、善女人以下三句，正是标出修行宗旨。旧说如是二字，即指下文灭度一切众生一段文而言，如此则前后脉络不贯，况下文本有应如是降伏其心一句耶。又说如是二字，指发起序中世尊著衣持钵至敷座而坐一段文而言,似亦未确。今谓如是二字,克指上文善护念、善付嘱二句而来。有现前指点,当下即是之义。著衣持钵一段文是远脉,善护念二句是近脉,既知近脉,则远脉自通。以法身如来,示现凡夫尘劳之相,是无我相,无法相,亦无非法相。故善男女亦应如我之不住相而住。凡夫不住于相,即住于非法相。一住便差,妄心生灭,不得降伏。故善男女,应在如来之穿衣吃饭上,理会两边不著之理如是降伏之。可怜苦恼众生,无论贫富,一生皆为衣食忙碌,无论操何职业,皆是乞食。朝上起来赶赴都市中做事即是入城乞食。按时上工下工,即是次第乞已。乞食固然要紧,但应事毕即还至本处。凡夫之病,即是为衣食故,不得不向外驰求。结果忘却了主人翁,不复还至本处。所以工作完毕,要快快回头,把心静一静,回光返照,不要做不相干的事。此即是学佛之敷座而坐。我们能将经文语句,回到自己身上,自有受用。果能于寻常日用之间,时时返照,即是降伏,即是两边不著,即是与性体相称而起修。即念佛亦念得好。

（己）次,契旨请详。

"唯然,世尊！愿乐欲闻。"

唯,应诺之词。声入心通,于如是住降之理,已彻底明了。如来之护念付嘱,别人未能见到,须菩提独能见到。代大众启请住降,果蒙佛赞许。结经者于唯下安一然字,写出须菩提庆快生平,自喜领会无差之情景。然为大众未能了解,故又请问。愿者,愿望。乐者,好乐。欲者,希求。若唯心愿而不好乐,闻或不切。又能好乐而不希求,闻或不深。此三字一层进一层,表示大众之渴仰。亦可为末法苦恼众生,表示渴仰。闻字与经初如是我闻之闻字相应。倘无须菩提之愿乐欲闻,阿难如何得闻耶。

闻有三种:一曰闻言,耳根发识,但闻于言。二曰闻义,意识于言,采取其义。三曰闻意,神凝心一,寻义取意。今闻如是住降之言,必将得意、忘义、遗言,而消归自性可知。人人本具如如不动之自性,然有无明为障,致妄心生灭不停。故学者宜在闻字上用功。返闻闻自性,时时照,时时闻,则知心佛众生,三无差别。故此闻字,若作返闻功夫,即能消归自性。

(戊)次,详谈。分二:(己)初,约境明无住,以彰般若正智;次,约心明无住,以显般若理体。(己)初,又二:(庚)初,的示无住以生信;次,推阐无住以开解。(庚)初,又三:(辛)初,明示;次,生信;三,校胜。(辛)初,又二:(壬)初,明发离相心即是降伏;次,明不住于相,即是正住。(壬)初,又三:(癸)初,标示;次,正明;三,征释。

(癸)初,标示。

佛告须菩提:"诸菩萨摩诃萨,应如是降伏其心。

佛告句,为结经人所安。凡安此句,皆示人此中所言甚关紧要,不可忽略读过也。诸菩萨句,即指发大心之善男女言。凡言菩萨摩诃萨有两义。一为菩萨中之大菩萨,如称观世音菩萨摩诃萨,是约一人而称。一为泛指多人而称,乃谓菩萨,或大菩萨也。发心者不止一人,故曰诸。诸者一切之意。此中既说多人,乃泛指之辞也。须知此经本是最上乘,则发心学此者,皆为大菩萨。然而根性不同,虽同发大心,有发得圆满究竟者,则可成大菩萨。发不圆满究竟,只可成菩萨矣。佛之说此,亦希望人人皆要发得圆满究竟耳。何谓圆满究竟？如发上成佛道下化众生之心，则菩萨也。若知发心上成下化，而又知虽上成而实无所成，虽下化而实无所化，乃是无所成而上成，无所化而下化。则性德究竟，体用圆满，而为大菩萨矣。世间此类事甚多，虽所学是无上大法，而成就则甚小甚小。皆由于不知如法而修，发心太小故也。如念佛法门，本是至圆至顿之无上妙法。然仅仅只知自了，则最上乘之法，不但不足为大乘，竟成为小乘矣。所以只能往生下品，多劫不能花开见佛，以与佛之悲愿相违，不知称性起修故也。甚且并下品亦不够，只能生到疑城。又须长时修行，方能离疑城而生安养。岂不上负佛恩，下负己灵。何故如此，皆由不明无上大法之所以然故。所以学佛第一要开智慧。开智慧者，就最初一步言，便是明理。如不明了真实义理，发心不能达乎无上。明理不是专在文字上剖解，必须修观。云何修观？即须多读大乘经典，更须屏除外缘，收摄身心。若不先将此心摄在一处，何能依文字起观照。故曰戒生定，定生慧也。戒以屏除外缘。定字有浅深，初下手时，必应勉强摄心一处，令心凝静而不驰散，乃能起观。迨至观慧生，则大定即在其中，不待勉强。故止观云者，止从观来，观成自止。何以故？观成则妄想悉除，便是止故。非以遏捺暗证为止也。总之,定慧二字,互相生起,不能呆板看成两橛,故曰如车两轮。又曰即止之观,即观之止也。止观是学佛紧要功夫,如上所说,又是止观中要紧道理,不可不知。初发心人,何以便称菩萨摩诃萨。以其能发大心,便有成菩萨摩诃萨之资格,故即以此称之。一也。佛之称之者,是令当人直下承当,不要自失胜利。此其二也。世尊平等平等,其视众生本来同佛。然则称发无上心者为菩萨摩诃萨,又何足异。此其三也。

如是,指下正明之文。降伏其心,是令妄想不起,亦是使不觉者觉。上文先问云何住。佛之总示,亦先说应如是住,何故详谈时先说降伏乎?此中要义,当分三层明之。一切众生,从来不觉,今虽发无上觉心,亦不过发觉初心耳。其不觉之妄习,分毫未除,安有真心可住。若以为初发觉时便见真心,即此一念,依然是妄想也。故初发心人,其下手只有降伏。古人云:但求息妄,莫更觅真。即是此意。须知吾人之心,虽完全不觉,而实完全为本觉之所变现。所谓真妄和合,名之曰识,是也。只要妄心分分除,真心即分分显。迨至妄尽情空,则以其始觉合于本觉矣。初不必言住不住也。此所以不言住而先言降伏者,其理一也。

不但初发心时，应从降伏下手已也，自始至终，亦只有降伏之功。乃至成佛，亦无所住。须知妄想无明，无明即是妄想。以破为鹄。修行至信位，但能伏，犹未破也。由十信进入初住，始破一分无明，证一分法身。即是始见一分真心。十成只得一成，云何可住。名为住者，明其不退转于阿耨多罗三藐三菩提耳。从此步步增进，而经十住而十行、十向、四加行而后登地，至于八地，始称无学，无明向尽矣。而十方诸佛犹复殷殷劝进，应满本愿，广度众生，勿得住入涅槃。由是而历九地、十地至于等觉，尚有最后一分无明。可见至等觉，始破九分。仍当以金刚智破之，乃成究竟觉。而仍然不住生死，不住涅槃也。可知位至成佛，还是住而不住，不住而住。如我世尊之示同凡夫，非住而不住之榜样乎。然则始终皆无所住，只有降伏也，明矣。其理二也。

善现前虽先问住，而其目光实注重于降伏。盖以欲住不得，故继以降伏为问耳。否则但问应云何住足矣，奚必更赘一词。而总示之既言应如是住，复言如是降伏者，意亦如斯。此则语有先后，意实一贯。除降伏外，别无进修方法。其理三也。

（癸）次，正明。

"所有一切众生之类,若卵生、若胎生、若湿生、若化生,若有色、若无色、若有想、若无想、若非有想非无想,我皆令入无余涅槃而灭度之。如是灭度无量无数无边众生,实无众生得灭度者。

四大五蕴众缘和合而现生相,故名众生。此众生之一名之本义。引申之则为数多类繁,名为众生。今人但知引申之义,而遗其本义。不知本义极妙,乃令观照本不生,及当体即空之理也。何以言之。以众缘之和合,名之曰生耳,性体初何尝生,故曰本不生。本既无生,今亦无灭矣。既是缘合现生,所以缘散即灭,岂非当体即空乎。此约相言也。若约性言,性本不因此而生。虽生灭之相纷然,与体何涉。故曰当体即空也。尽其所有之众生则数多,故云一切。其类繁,故又云之类。其类云何,若卵生至若非有想非无想是也。

佛经中言众生类别,有以六道分者,欲人明轮回之理也。有以十二类生分者。如《楞严》卷八说。欲人明十习因六交报之理也。有以三界分者,欲人明其高下依止,及不出色欲二事范围之理也。今亦是以三界分类,而不言欲界色界无色界者，以无色界尚有特殊生理，须特别显出，方为彻底。亦欲使人明众生之所以不能出三界，不但著色著欲之为障，尚有根本障碍，必应彻底了然，为之对治，乃能入无余涅槃，乃能灭度耳。

先言欲界。欲界有二：一，上界六欲天是也。四天王天、忉利天、夜摩天、兜率天、化乐天、他化自在天。以福德胜人，故生天。以尚有淫欲，故居欲界。以欲念较薄，故但化生而无卵、胎、湿三生。二，下界人畜鬼狱是也。修罗分摄天，化生。人，胎生，从天坠者。畜，湿生，最下劣，生大海心。旦游空，暮归水。鬼，卵生，以护法力，乘通入空。见《楞严》卷九。狱化生，鬼胎、化二生，人畜四生具。此等皆因淫欲而正性命者。罪重情多，则愈下坠而堕地狱。以次渐轻，则居人道。色界天以上。色界十八天，分初禅二禅三禅各三天，四禅九天也。色界亦有无想天，以既有色，故不摄入无色界。皆是化生。故仅举卵、胎、湿、化，已摄三界尽。然因色界以上之特殊生理不显故，又举若有色若无色为言也。以无欲故因定力而化生色界，此其异于欲界者也。以并能不著色身相故，因定力而化生无色界，此其异于色界者也。但举有色无色，亦摄三界尽。欲界以下，无不各有色身也。然欲天之下，不止化身。故必先举卵、胎、湿、化言之，于下界之生理乃备。又无色界中，因定力之浅深，又有特殊之生理，不能不表而出之。故复言若有想、若无想、若非有想非无想也。无色界四天，曰空无边处，曰识无边处，即此中之若有想。色相已空，故曰空无边处。无色界，但无业果色。以其断欲不著色身之相故。然有定果色，其色微妙，为色界以下所不能见，故曰无色界耳。粗色界，浊欲界，之色身既空，则不执吝识在色身之内。故曰识无边处。识即八识。总八识而言，非专指第八阿赖耶。真妄和合，名之为识。因识故有想，想谓第七之恒审思量而执我，及第六之分别遍计也。有想二字，统摄色、欲。色、欲界众生，莫不有识。因六七识，故执色身为我。因执色身，故起种种贪欲之想。然色界以下，不但有识，而兼有色有欲。故必先举卵、胎、湿、化有色言之，以明其异于无色界也。若无想以上，则为无色界之特殊生理。故必表而出之。明其不但以无业果色，异于色欲二界已也。此即无色界之无所有处天。谓第六识分别妄想无所有，以常在定中故。及第七之执我亦无所有，以定中无思量，且不执有色身识无边处，故其定力更深于前矣。若非有想非无想，即无色界之非想非非想天。至此定力愈深，第八阿赖耶若隐若现，而未能转识成智。谓之有想非，谓之无想亦非也。殊不知前云无所有，非真能无所有。

不过六七识暂伏，彼自以为已无有耳。何以故？六七识转，第八识及前五识随转，何至尚若隐若现乎。且彼误矣，八识原为真心之所变现，何能无所有，更何必无所有，但转之可矣。六识转则为妙观察智，七识转则为平等性智，第八识即随转而为大圆镜智，前五识亦随转而为成所作智。如是而后体用全彰，又何可无耶。总由不知佛理，全用暗证，不得善巧。所以非想非非想，纵经八万劫长寿，仍然堕落也。

外道皆不知性，儒家亦然。天命之谓性，性不由天命也。或曰：天命者，谓其法尔有之，此违孔子意矣。《易》曰：立天之道，曰阴与阳。又曰：一阴一阳之谓道，继之者善，成之者性。此天命为性之由来也。何谓法尔有之？孟子曰：食色，性也。性中奚有食色，乃无量劫来习气种子使然耳。此正误认识为性也。至宋儒周、程、张、朱，乃剽窃禅门门面话，尚不足言皮毛，大谈性理。既非佛，又非孔，误法误人，莫此为甚。凡先入彼等言者，佛理既绝不能明；孔子之真，亦为之障而不显。须知孔子六合之外，存而不论，故专就自天降命为言，虽不彻底，然能令人敬天命，畏天威，以立人道之极。故孔子实为世间大圣人。可佩可敬。孟荀皆未能深契。汉儒专重训诂，昧于大义，此犹有功。群经及其训诂，非赖汉儒考订搜集之力,后人何从明之,又奚从见之。宋人则别创一格,自以为直接心传,而不知孔学实因此而晦,其罪大矣。革命之废孔,实误认宋学为孔学耳,奚止毁谤佛法之罪已哉,可叹。

卵、胎、湿、化,先言卵生者,卵具胎、湿、化,故先言之。居母胎胎中,以血为养为湿,本无今有为化也。胎不兼卵而具湿、化,故次言之。湿兼化而不具卵、胎,又次之。湿生者,湿地受阴阳之气而化生。以其必在湿地,故曰湿生。化生无而倏有,不具卵、胎、湿,故又次之。此约受生之繁简而言。又卵、胎、湿、化居先者,以其兼欲、色、识也。若有色,不具欲而兼识,故次之。若无色,不具色欲而有识,又次之。有色无色,此约色相之粗妙而言也。若有想,正明其虽无色而尚有识想现起,故又次之。若无想,明其六七识已伏,并想不具,故又居次。若非有想非无想,明其不但不具六七识,第八识亦半伏焉,故以为殿。此约情识之起伏而言。盖前前必具后后,后后不具前前。卵、胎、湿、化,虽不尽以前后判优劣。而统欲、色、识三者言之,则又前前劣于后后,后后优于前前也。

佛之详细分类不惮烦琐者,并非闲文。意在使知一切众生其类虽繁,不出识、色、欲三事,其所以成为众生者在此。今发无上觉心,欲令一切众生成无上觉,非断淫欲,不取色相,转识成智不可。妄尽情空,业识既转,则生灭心灭,生死海出,而证入不生灭之圆明性海矣。此之谓入无余涅槃,此之谓灭度。大乘涅槃有二:一,有余,已断枝末无明,即见思惑,尚余根本无明未断,即业识,即是最初之不觉自动。亦名生相无明,又名住地无明。故名有余。二,无余,业识皆空。即转识成智之谓。无明更无余剩矣。此与小乘之有余无余异,彼谓所学已办,尚余苦报身未尽者,为有余依涅槃。所谓出烦恼障,有苦依身,是也。尽此报身,则名无余依涅槃,所谓灰身灭智是也。无余涅槃,为究竟觉果之称。以等觉尚有最后一分无明未尽故也。即微细业识,所谓生相无明是也。

涅槃,梵语具云般涅槃,不生不灭之意,谓性体也。亦译灭度,亦译无为。观此,可知内典是借用有之向名,其义与儒道两家迥异矣,即彼两家,亦大不同。老子之无为,谓因势利导,不图赫赫之功,不取赫赫之名。以其绝不现有为之迹,故名无为,亦谓之清静。自曹参误认清静无为为不事事,遂滋为儒者所诟。曹参之时,本宜休养生息,虽误会而有益。晋之清谈,则误国大矣。甚矣真义不明之为祸烈也。孔子之无为,则是形容尧舜,知贤善任,端拱垂裳而治,及荡荡民无能名之意。入者证入也。即令众生证入究竟觉果之意。灭者所谓生灭灭已,寂灭现前。度者,度其分段、变易两重生死也。此处不举梵音，而举其义为言者。一以明所谓入无余涅槃者无他，灭识、色、欲之生灭心，便度生死海，而达涅槃彼岸矣。二则便于立言，如下文灭度无量无数无边众生，如换灭度为涅槃，则不易明了矣。此译笔之善巧也。无余涅槃，法相家译为无住处涅槃。明其既不住生死，亦不住涅槃。此译与什译，各有取义，皆妙。至谓修行人逝世为涅槃为入灭者，乃藉以明其不住相而入寂。世人多误会涅槃入灭为死之专名，宋儒更误认寂灭为一事不为，差之远矣。

法相家言，三分半众生不得成佛，即定性罗汉，定性菩萨，一阐提无信根是为三分，加以不定性为半分。云何今皆得令成佛耶。须知经云，佛种从缘起。又云《涅槃经》：凡是有心，定当作佛。又云《圆觉经》：有性无性，齐成佛道。云何得？盖佛性虽众生本具，而佛种要待缘生。法相言不得成，是言无种则必不成。非言定性一阐提无佛性也。故种性二字，必不容混。学性宗者，往往执性而昧种，如执性废修。学相宗者，又往往执种而昧性，皆不明经旨之过也。

如是，指上句令入无余涅槃。无量者，谓种类不限量，无论根性胜劣，皆度之。无数者，谓多寡不计数。然或只度一世界，一世界一劫十劫，亦可谓无量无数矣。而今不然，乃无有边。无边者,横遍十方,竖穷三际也。故无边是总,无量无数是别。因其灭度无边,乃得为无量无数也。实无众生得灭度者,观照无生无得之理,乃真实无,非假想无也。古德以五义作观甚妙。(一)缘生。一切众生,莫非四大五蕴之假合,当体即空,安有众生。(二)同体。我与众生,相虽别而性实同,所谓一法界是也。然则见有众生,便是自心取自心,非幻成幻法。(三)本寂。所谓众生者,乃是缘合假现生相,其性则本无生。本无生则本无灭,安有所谓得涅槃乎。(四)无念。如上三义观之,可知见有众生,见有众生得涅槃,全是妄念分别。若无有念,则众生无,得亦无。(五)平等。如上所说,可见一切众生,本来是佛,平等平等。故曰平等真法界,佛不度众生也。若见有众生得灭度者,便违平等法界矣。总之,性真实,相虚妄。欲成无上觉,当证真实性。则于一切境界,当不著相而归于性,归之于性,乃为真实。故约性而言,则众生得涅槃之为真实无,非假想无也,明矣。

或曰:上文云应如是降伏其心,如是二字,正指此科。然读之实不解所谓降伏者,降伏何物乎?但发离相之广大心,便足以降伏乎?曰:此义甚精,当为分析言之。

所谓降伏者,降伏妄心也。妄心者,分别心是。而分别起于执我,故我见为分别之根。今故向根本上遣除,我见除则分别妄想自化矣。又本科之文,着重在最后一句。前文皆为引起此句来。因欲说实无众生得度,故先说度无边众生入无余涅槃。欲说令入无余涅槃,故先说众生之类不外识、色、欲。然则知所以成众生,则知所以度众生。知无边众生无非识色欲幻成之虚相,则知灭其识、色、欲生灭之相,令入不生灭,乃实无众生,实无众生得度。何则,众生但为识、色、欲所障耳。其本性原是不生不灭。且与我同体,何所谓众生,何所谓得耶。如是观照纯熟,则执我之见,不觉自化。何以故?知我亦众生故。知当体即空故。知起念则有,若无于念,一切皆无故。知本来平等故。此大乘法所以善巧,乃不降伏之降伏也。

此中尤有要义,当更为言之。(一)妄想根深,今初发觉,道力微薄,岂能敌之。且真心妄心,原是同体。起心动念,则全真成妄。心开念息,则全妄即真。又何必除。以此两种原因,所谓除妄,假名曰除耳。实无可除。所谓降伏,乃善巧转移,使之归化。并非敌对而除之之谓也。今令发离相心者,正是善巧方便,大而化之耳。(二)何故发大心便能化?须知凡夫心量狭隘,所以执我,愈执则愈隘。若发广度无边之心,久久观纯,不知不觉,执情消泯矣。(三)凡夫只知有我。若令就自身上以观无我,必不能入。今令从对面向宽阔处观无众生,则心量既扩,一对照间,而我之亦为缘生,为本寂,便洞然易晓。此皆大而化之之善巧法门也。(四)见思惑之根本为我见。今以转移默化之法,断之于不自觉。真至坚至利之金刚也。(五)执我是末那识。有我,便有人、众生、寿者等分别。分别是第六识。今一切不著,是转六七识也。六七识转,前五第八皆随转而成智矣。此之谓般若波罗蜜。(六)度所有众生成佛以遮空,实无众生灭度以遮有,是为双遮。虽广度而实无,虽实无而广度,是为双照。观遮照同时以为因,则得寂照同时之果也。(七)发广度心,大悲也。观实无理,大智也。悲智具足,又不住生死,不住涅槃之因也。(八)约上所说大悲边言,即是修福。约大智边言,即是修慧。福慧双修,又是成两足尊之因。可知一切大乘法,尽在里许。且皆是直趋宝所之法。故本经曰:一切诸佛及诸佛阿耨多罗三藐三菩提法,皆从此经出也。(九)未能度己,先欲度他,菩萨发心,所谓大悲也。今观此科之义,始知度他即是度己。则大悲中便有大智,真善巧也。(十)此科是令发愿。从来学人每苦大愿发不起,可依上来(一)至(九)所说者观之,悲智具足之大愿,当油然生矣。

又上科所言降伏,亦含有别义。盖令发大愿者当立志坚强,勿生怯弱,即此便是降伏其心矣。

此标示,正明,两科中,是的示吾人修功处,极其亲切,极其紧要。约言之,要义有八。

(一)空生先问住,次问降。答乃先降次住。而答住中,复云应无所住。可见吾人用功,只要除妄。何以故?真心不现,全由妄障。妄不除尽,而曰安住如如之真,即此一念,依然是妄想也。况佛究竟证得,亦不住于涅槃。修因时何可言住耶。《楞严》云:因明照生所,所立照性亡。又曰:知见立知,是无明本。是知有住便有所,有所便有立。有所有立,便是大圆镜中自著尘染,光明何能遍照。故曰:无明本,照性亡也。所以禅宗祖师云:但求息妄,莫更觅真。古德亦云:但尽凡情,别无圣解。此谓尽凡情,正是圣解。经亦有言,狂心不歇,歇即菩提。皆是说明用功只要降伏妄心之理。由此可悟扫除差别知见,乃彻首彻尾功夫,岂但下手方法而已。

(二)降伏须得方便。若无方便,妄心愈炽。今寓降伏于发广大之心。换言之。发广大心,便是降伏。然则降伏者,乃大而化之之谓耳。无所谓降,而自然降。方便极矣。

（三）降伏者，降伏妄心也。须知妄心从分别生。分别之本，在于著我。故今以广大心降伏我人等四相。且度尽无量无数无边众生。如此大慈大悲，则贪嗔二毒除矣。又虽度生，实无所度，无常见也。亦即不著有。虽无所度，而度之不息，无断见也。亦是不著空。不常不断，具此妙慧，痴毒亦除矣。盖一切凡夫我见重三毒深者，病根实由心量狭隘。须以广大心治其病根，从根本上解决，诸病自然易除。

（四）一切众生，无始至今，从来不觉。所云不觉者，谓不觉知人、我分别皆由取相。离相会性，本是同体，岂有差别。以不知而著相，故愈著愈迷，迷即是痴。由是因我而立我所。贪嗔竞起，造业无穷。更不了所谓我所者，莫非缘生之幻有。无论法有与非法空，但有所取，便是不了。法、非法相，皆由性起。且以性融之，相本非相，有何我所？有何我、人？因其不了，以致业系之苦，无由解脱。今以广大心度生、不取，便是令离一切法、非法相，即离空有二边，会归同体之性。若会于性，岂复更有我、人等差别之相，不是度他便是度己么？善巧孰逾于此。

（五）凡夫易为境转者，境即我所，无他，著境故耳。即发心修行，亦不无所缘之境。譬如度生，即是大心行人所缘境也。既不能无所缘境,无境,即著空,亦即无从起修。又不能取著于境,取境,即著有。今故首以度而实无所度,令不著二边,会归中道,合乎性体。的示入手之方,何等亲切。

（六）此中虽言降,未言住,而住意实已默寓于中。发大心者首宜生,岂非明示安心之法乎。而度无所度,亦即示以应住而无所住。此弥勒偈颂,所以言利益深心住也。质言之,即是令住般若正智。所谓观照般若,观照空假,不离空假同时之中道第一义谛也。因众生本有取著之病,故不明言,令不住相人自领耳。

（七）通常见地,每谓般若系谈深理,甚至畏其偏空,修净土者更不敢道。而学般若,又往往执理废事,予人口实。今观首言降伏,可见妄习之障不除,般若正智,云何能开。且首言度生之事,可见历事煅心,正般若入手处,安可事外谈理。又空有二边,皆不可著,岂偏空乎。此等处,务须加意审之。

（八）此中降分别心,即是转第六识。而降我相,即是转第七识。须知众生无始不觉,自性清净心不显,而现为识。识之作用最大者,惟第六第七,故当从此下手。此时全个是识,那有真心可住。此所以但言降伏,不言住也。所谓观照般若之正智,亦仍是识。须知识之为物,原是自性所变现。

用以分别执我,便成为识,名之曰妄。若用以降伏分别我执,即是引归正道,故名之曰正智。是为以子之矛攻子之盾。亦俗语所谓解铃还仗系铃人也。宗下所谓离心意识参,等同一味。因其未离,所以教离。须知能离之念亦是识。盖不从此下手,直无办法。而宗下不明言是识者,与此中不言住,是一样用意,所谓等同一味也。宗下或因此俯视其他法门,谓宗下下手,便已离却心意识。这不是吃了灵药而不知药之所以灵么。念佛法门亦然。一言及念,便是心识。殊不知一心正念,正所以降伏纷纷的妄念。或曰:以其未能离念,终不及宗下直指的高上。殊不知净念与妄念大不同,妄念愈念则愈起,净念则可以念念而至于无念。譬如用泥打水,水愈浑浊。用矾打水,水即清净。若言直指向上,视彼宗下的直指向上,还要来得安稳,来得善巧。直所谓就地跌倒,就地爬起,还不直捷了当么。所以净土法门,下手便是转识成智,便是降伏,便是观照般若的正智,便是即念离念,二边不著。并且念佛人要发大心,普愿法界众生,同生极乐。就是以此正念,冥熏法界,广度含灵。这不是与此中所说一样的么。若能融会得这点道理,还有不加紧念佛的么?还怕念佛不得力么?要紧要紧。

（癸）三，征释。

"何以故？须菩提！若菩萨有我相人相众生相寿者相，即非菩萨。

征，举也。举上文所言之义而释明之，曰征释。即自问自答之意。

人、众、寿皆自我开出。有我相，便有对待之人相。人不止一，为众生相。执我之见继续不断，即寿者相。四相不外一个我相也。今开而说之者，明执我者，便有分别心。使知六识生于末那，有末那便有六识，不相离也。如此执我分别，乃凡夫通病，岂是菩萨，故曰即非。所以警诫发大心者至深切矣。

我相因我见生，我见以我相显。一表一里，从来不离。破我相即是破我见也。相有粗细，粗则著境，细则著心。后周亦言我相是约心言，即约识言。盖八识为真如心变现之相，故唯识宗亦名相宗。

此科本释上科令发大愿之故。何不曰："何以故？大而化之故，断惑故，转识故，乃至度己先当度他，度他即是度己故。"如此岂不令上科之义更显,而必从反面言之。何耶?盖断惑转识等等,皆法也,皆不可取。取则又成我相,又成分别。故不用表诠,而用遮诠,一齐遣荡。此世尊之微意,亦般若之正宗也。

四相,即是一个我相。有我,即有对待之人相。对待者不止一人,即众生相。我相在妄心中,念念继续不忘,即寿者相。菩萨苟见有众生得度,自我度之,即有我相,从而四相俱起。有四相,即有分别心。有分别心,是凡夫,不是菩萨。修行者,第一应撇开我字,发心为一切众生,此即降伏我相。我皆令入无余涅槃而灭度之,众生刚强,令他修行已不易,何况了生死。然皆不问,无论人与非人,皆度之成佛,亦本来是佛,此即降伏人相。灭度无量无数无边众生,心中不起如何能度尽之念,此即降伏寿者相。实无众生得灭度者,此即降伏众生相。何以要如是降伏,盖发无上心者,要行菩萨行,普贤行。倘有四相,如何得称菩萨。

佛要修行人,从文字起观照。不用观照功夫,凡情不能转,故学人须从此下手。今就此段经文,详述观照之方法。古人于观照,多未详说。观是观察。最初译为思,是心中思惟。禅宗不可用心意识参,是明明教人不用思。然又说不可堕入无思甲里,复是要用思。所以如此者,以凡夫知见多,必须单刀直入,先将枝叶斩除也。宗下看话头,要起疑情。如不思,疑情从何起。观是思惟。然单是思惟不可,故又用照。照即宗下之看。如就文字起观照,一离文字,归到心上,然后能照住。照住时,说有思惟,却无思惟。说无思惟,又非无思惟。此时心中自然开出智慧。如何是开？即是妄想停,而住于本觉也。

般若有文字般若,观照般若,实相般若。文字指经文言。实相指人人本具之性言。佛说般若,即希望学人证此本具之性。如何能证,即应就文字起观照。若不观照,则文字自文字,不能消归自性,不得受用。吾人读诵《金刚经》,原期消归自性。佛说是经亦为此。然则观照之道理,观照之方法,不可不知。不但般若要观照,一切佛法,说到修持上,千万法门,亦不外观照。学佛之三条件,曰戒、定、慧。无戒,则身口意三业,不得清净,故戒是修学基础,是独立的。定慧二字,互相生起。就果上言,是定慧。就因上言,是止观。止者止息妄念。观者即观照真心。因止能生定,因观能生慧。此是分配言之。其实止观功夫,只有一个观字,此两者系一件事。止者,初下手时,要摄心一处,即古人所说之定。其实初下手者，够不上说定，然定却由此而生。久久则由定生慧。何则，盖观一种法门成就以后，智慧即发生，妄想即脱落。故有慧方能成就此定。又初下手摄心一处，必十分作意，方能摄得，可见此中有观。故说来说去，只有一观字。所以般若不说止而说观照也。

观照有多种方法，无方法则不能起观照。方法虽各宗不同，而其指归则一。如天台宗之空、假、中三观。华严宗之四无碍观，及法界观。法相宗之五重唯识观。密宗之道场观，阿字观。禅宗之看话头。净土宗之观无量寿佛皆是。或云念佛不是观。此语不然。须知即念即观，若妄想纷歧，散心念佛，不得受用。必须口念佛号，心想弥陀，如在目前。如此念佛，则妄想无从起，即是观。故用功莫要于修观。修观是收摄意根。意根摄住，身口二业，亦摄在一处。故净宗之心想佛，口念佛，手持珠。密宗之心作观，口念咒，手结印。可见无论如何用功，皆非作观不可。教下之空、假、中三观，四无碍观，似乎观法不同。然其理则一，不可不知。否则于各宗经典，不能融会，而有抵触矣。

作观方法，自唐以后，除禅宗外，各宗讲此者渐少。如台宗在讲教时，于空、假、中之理，发挥颇详。而用功时则不一定用此法。惟禅宗则自古以来,说向上一着,且不许用心意识参。因此有创为其余法门尚用思,惟禅宗不用思之说。并引经言不可以生灭心为本修因,以证实之。不知不许用心意识参云者,乃不许用凡情去卜度也。一用意识,即是凡情。以凡夫心情,推测佛说,决无是处。所以不许。古来又有说观即照,照是照住。而古人对此,又有批评。以为如是照住,即是暗证。既不许用凡情卜度,照又是暗证。而观之本义,又是思惟。因此学者乃无所适从。

然则修观究应如何下手耶？鄙人在这里参过多年,从南岳大师大乘止观,悟得其理。古人说不用心意识参,即是不以生灭心为本修因。佛意实不如是。是说学佛者最初发心,不可以生灭心为本修之因。如本经善男子、善女人发阿耨多罗三藐三菩提心,是也。至实际用功,则须用思惟。如本经所有一切众生之类,我皆令入无余涅槃而灭度之,即是思惟。最初发无上菩提,是称性起修。是谓不以生灭心为本修因。至修行必用观照,即是思惟。禅宗说不可用心意识参,是祖师苦心。其实仍要思惟。不思惟则不能起疑情。至不以凡情卜度,又是一事。何以知唐以后,余宗多不知作观。此可以善导大师《十六观经疏》中之说证之。彼云：现在人根钝,修观不得成，故只提倡念佛。此是指《观经》之观法广大，凡夫心量不能相应。不可因善导大师有此语，遂屏观法而不道也。唐朝中叶以后，密宗极盛一时，不久消灭。华严宗亦然。天台宗亦中衰。经四明、慈云二位大师之提倡，各经疏又自日本取回，得以中兴。然二师之实际用功，亦用净土，不是止观。宋以后净土宗尚有几位大师，而作观方法，亦多不讲。故惟禅宗尚有观门也，后世修行人未尝不多，而得力者少，此于作观方法之不讲，颇有关系。

又修行者，往往初修时甚得力，后则改变。此亦因不知作观，枯燥无味，乃至于此。又有读诵大乘经典，能明了其理，结果反生邪见，亦是不知作观之故。又有读诵经典甚多，而道理是道理，于身心无干；而贪嗔痴之烦恼，毫不能除，亦是不知作观之故。观即思惟。照有二义：一是照住，一是照见。照见者，指功夫修成时言。如《心经》之照见五蕴皆空是也。大抵照见，由照住而来。照住，由思惟而来。不思惟，即不能照住。不照住，则不能照见。思惟之久，心寄一处，即照住。此时许多妄念，暂时停止，不来打差。若打差即不能停也。人人现前一念，真心本具。只因妄念打差，所以不觉。妄想一停，本有光明，自然发露，此即智慧。观照须观吾人之心性，所谓消归自性。然凡夫却观照不到，完全是黑漆桶，完全是妄心，将如何而可？惟有依照佛说去观，即先就佛经之文字用功。佛说观照方法，即不许吾人用凡情卜度。如此段经文，若以凡情卜度，而不用观，即不能明了。世人读经，专在文字上求之，以为已明其义，实万万不可。如应如是降伏其心句，凡情度之，当然有许多解释。此要不得，应除去之。再想又有别种境界，又要除去之。想而又想，皆要不得。愈想愈进，久久如呆。妙处即在此呆字。古人云：须大死一番。死者，即死此妄心。如此用功，或半年，或一年，忽然开悟，出于意外。要请求善知识，证其合否。如无善知识，则以佛经证明。倘佛经上无此说，仍是凡情卜度。如此则心中妄想，打断不少。虽不即是消归自性，而已消归不少。故须多读诵大乘经典。本经处处说读诵受持，受持，即观照也。

又观所有一切众生至实无众生得灭度者。上文说降伏，此段何以不提降伏，是何意义。此是令吾人将心量扩至无量无边之大。因众生之大病根，即是心量狭小。因狭小，即执我。故佛令将此心放大，潜移默化，所谓大而化之。倘在寻常日用之间，时时如此观照。将佛说心量放大，移到自己分上，即是除我见，去烦恼之妙法。

又观此段文字，其归结在实无众生得灭度者一句。此是令吾人除我见，而并不直指我见，偏在对面众生分上作观。因凡夫执我，一刻不放松。若就我作观，则不能得力。故从众生方面观，观因缘聚合，当体即空。又众生同体。如此观照，则不知不觉，我执自然化去。此乃消归自性之善巧方法。又观若卵生以至非有想非无想。可见一切众生，无不有欲、色、识。此三者不转移，则永远轮回三界之中。因知欲不可不断，色相不可执著，情识必须转移。如此观照，则不知不觉，欲、色、识三者可去。

又观皆入无余涅槃而灭度之。众生既若是之多，而如卵生之愚蠢，定性之难化，有想无想之贡高，如何能悉数灭度？然佛是无缘大慈，只要与我接近总是要度。如此观照，则自己忝为人类，上则尚未修到非想非非想天，下则比卵生湿生高明，应当学佛成佛，无上心自然能起，妄心自然能转。

又观实无众生得灭度者一句，在无量无数无边众生句下，可见得有一众生未度，即我愿无尽。如此观佛语，理不离事，事不离理，是为理事双融。我皆令入无余涅槃而灭度之，遣著空。实无众生得灭度者，遣著有。两边皆遣，是双遮。两边又同做，是双照。是为遮照同时。此等修观，即能证寂照同时之果。一切众生皆灭度之,是大悲。实无众生得灭度者,是大智。是为悲智双融,能得不住生死,不住涅槃之佛果。我皆令入无余涅槃而灭度之,是修福;实无众生得灭度者,是修慧。是为福慧双修,能证二足尊之果。

金刚二字即断惑。惑不外见思,见思即我相。此经断我相,正有极大作用。化除我见,即转第七识为平等性智。皆入无余涅槃而灭度之,不起分别,即转第六识为妙观察智。实无众生得灭度者,即转第八识为大圆镜智。所以下文有一切诸佛及诸佛阿耨多罗三藐三菩提法,皆从此经出之语。岂不是成佛即在此一段经文耶!

一切大乘经典,说发大乘心之人,未能自度,先要度人,此是大悲。然度人即是自度,此种道理,如观照得了然,则佛法看似广大无边,实则亲切有味。看似高深,本是平实。将此段经文,放在心中时时观照,寄心一处,妄想即渐渐消除。即此数句,成佛已有余矣。

又观此段经文,不说降伏,即是降伏。是要吾人发起此愿,坚强其志,则我执我见,一切扫除,降伏即在内,自然受用。每日将此段文放在心中,受用无穷,所以须观照。

(壬)次,明不住于相即是正住。分四:(癸)初,正明无住；次，释显其故；三，结示正住；四，更明所以。（癸）初，又三：（子）初，标示；次，指释；三，结成。

（子）初，标示。

"复次，须菩提！菩萨于法，应无所住，行于布施。

复，又也。次，次第也。法字包罗万象，一切事事物物，不论眼见耳闻，即不能见，不能闻，而为心所想及者，亦称为法。凡世间法，出世间法，均包括在内，故称一切法。应无所住，正答应云何住。住者，执著也。众生处处执著，不是著东，就是著西。世尊此答，正是当头一棒。布施，六度之一也，[六度——编者补]亦名六波罗蜜。《大般若经》将六波罗蜜，一一举出。此经单说布施。就文字言，是避繁就简。布施可赅一切法，佛法要行不要住。此二句，犹云应当无所住，而行一切法也。

凡经中安复次二字，必本文与上文有密切关系。此有二义：一是补足前义，二是申明前义。上文答降伏，此答住。看似另一义，实是一件事。盖前言降伏，即含住而无住之义。

此云无住而住，亦含降伏之意，互相发明。又前发大愿，此起大行，愿与行不能相离，有愿必有行，有行必有愿。且不分先后，要见之于行，方不是虚愿。故有密切关系。此就补足前文言也。又前发大心灭度无量无数无边众生，而未言度生方法。此正言度生方法，是进一层之申明也。应无所住，既不著有。行于布施，复不著空。即不落二边之中道。

六度之义，应当略知。六度者，布施、持戒、忍辱、精进、禅定、般若也。此六度不外戒、定、慧，对治贪、嗔、痴。

布施，有财施、法施、无畏施三种。以饮食衣服医药等日用物施人者，必须用金钱，曰财施。为人讲经说法。或印赠经典。乃至世间典籍，只要于人有益，用以布施者，曰法施。无畏施即救苦救难。众生在灾难中，必有惊恐，吾去救他，令之无畏。只要能救，即舍身命亦不顾，曰无畏施。三即一，一即三。如救人苦难，使之无畏，不外用财施法施。是可见施财时，法施、无畏施，亦在内。又为人说法，是法财。授人经典，使之增长福慧，即无畏施。再开之，有内施、外施，乃至究竟施。如《华严经》中所说，名目至多，合之则一。修布施，是破悭贪心。贪必悭，悭必贪，此能造种种业，长在生死苦海之中，故必破之。

戒，是戒律。持字与守字不同，拳拳服膺，一刻不放松为持。戒有在家，出家之别。在家有三皈：五戒，菩萨戒，密宗之三昧耶戒。出家有三皈：沙弥戒，比丘戒，菩萨戒。五戒虽只杀、盗、淫、妄、酒五条，而为一切戒之根本。即出家戒，亦依据此五条，惟分析特为详细耳。出家之菩萨戒，是十重四十八轻。佛为出家者制定。亦许在家人受此戒，不过须自己审量，能受得了方可。否则佛有为优婆塞，优婆夷所制之菩萨戒，比出家者稍简，是六重二十八轻。故在家者，以受此戒为宜。

持戒为学佛之基础，最为重要。如造屋然，非先固基础不可，否则必崩坏。故本经言，持戒修福者，于此章句能生信心，以此为实。可见一切佛法，皆建筑在戒律上。戒条虽多，不外二门：一止持，一作持。止持，在消极方面用功。作持，在积极方面用功。止持即诸恶莫作，作持即众善奉行。此二语世俗用滥，实出佛经。学者先在止一方面持，再进而在作一方面持。如不杀固好，然但是止持。再进而劝人亦戒杀，即是作持。不但戒杀，并要放生，更是作持。有人说，我能戒杀、戒盗，此岂易易。如戒杀必对蚊虫苍蝇亦不害其生命方可。假如某事不曾对人说明，而以为是我所为，即犯盗戒。

又如在公共机关，因私事而滥用公家一信封一信笺，亦犯盗戒。淫戒，佛制在家人但戒邪淫，亦是方便法门，实则必须断淫，因此是生死根本也。妄语戒，加恶口、两舌、绮语，开而为四。恶言骂詈为恶口，播弄是非为两舌，描写男女情感为绮语，文人最易犯。佛最初制根本大戒，原只杀盗淫妄四者，后以酒能乱性，复加此戒。前四为性戒，后一为遮戒。故酒戒有时可开，如因病须用酒时，佛亦许用。持戒须明开遮之理，开则不遮，遮则不开，有时许开，开即不犯。故须将开遮辨清，否则持戒不能圆满。佛定戒律，比世间法更严密。如只受初步戒者，以上戒律，即不许阅看，看则为盗法。以出家人言，沙弥不许看比丘戒，比丘亦不许看菩萨戒。盖持法有不同，故不受则不许看。出家戒律，在家人不许看者，盖以出家戒繁重已极，如比丘有二百五十戒，比丘尼有三百八十四戒，何故在家人不许看，此佛之苦心，恐在家人因此造恶业也。盖众生总犯一种大病，责人则详，责己则恕。比丘戒实为难持，动辄犯戒。恐居士阅之，自己并不受，而责备出家人反更甚也。又佛制戒律，不似世间法之仅有条文，如说某戒条，必先将应持之理及事实，详说在前，方定此条。当时佛门有许多程度已高之弟子，尚不免犯戒，恐学者以为彼尚犯，吾曹可恕,故不许看也。持戒则贪嗔痴均为破除。如分别言之,戒杀治嗔为多,戒盗治贪为多,戒淫治贪痴为多,戒妄语亦治贪痴为多,戒酒则治贪嗔痴是也。最初持戒,重在事实。若受菩萨戒后,则心中一动念,即为犯戒。

忍辱亦译安忍,忍辱是安忍之一。忍不作忍耐解,乃顺受之意。故安忍者,安心顺受也。他人侮辱我,最不能忍,辱而能忍,则无事不能忍,故举忍辱以概其余也。又忍不但对辱而言,佛经中尚有法忍,无生法忍。如佛说法,吾人能遵照实行,丝毫不参差,为法忍。又如生本无生之理,吾人能明了,能实行,丝毫不参差,为无生法忍。忍辱是破除嗔心。

精进谓前进,有精细、精密二义。虽前进而并不盲从,是精细;按步前进而不躐等,是精密。精进是破除懈怠。

禅定是梵汉双举,梵语禅那,汉语曰定,所以双举,令人知是佛门之定,非外道之定也。犹之忏悔,忏是梵语忏摩,悔是汉语,所以双举,明佛家之忏悔,有礼拜等种种方法,与普通之悔过不同也。寄心一处,久后得定,得定即称三昧。禅定是对治散乱、昏沉、掉举等。

般若是译音,表明性体上发生之正智,与世智辩聪不同。世智辩聪,八难之一也。恐与世间智慧混乱,故不译智慧而用般若。般若是对治愚痴。

说六度实则是戒定慧，余三度乃补助此三学也。虽说六度，而主脑是般若。故般若不发生，余五度亦不能称波罗蜜。是以佛说五度是足，般若是目。布施乃至禅定，世法亦有之。佛法之精微广大，能普度众生出一切苦，了二重生死，乃至不住生死，不住涅槃，皆非般若正智不为功。故般若不明了，不能入佛门。

经中于六度只举一布施者，因六度可摄万行，布施又可摄余五度也。布施除财施外，如法施可摄精进、禅定、般若。盖佛法最重定慧，因上为止观，果上为定慧。说法之人，必有止观，有精进功夫，方能为人说。如无畏施可摄持戒、忍辱。持戒者诸恶莫作，众善奉行，决不犯人，安忍顺受，人不畏之，即无畏施也。

古德解此段经文，均言布施，可摄六度万行，故佛只说布施，赅摄一切法。然说布施即一切法，亦可。譬如法施，使人知持戒、忍辱、精进、禅定、般若，即是余五度。无畏施，使人了生死，可以无畏，而了生死亦必行余五度。不特此也，任举一度，亦可遍各度。如持戒必须实行布施等余五度，忍辱、精进、禅定亦然，皆可摄一切法。又五度若离开般若，皆不能见诸实行。可见般若乃至深至高,而为各度之本。然佛何以不举般若,独举布施者。《大智度论》云:"一切法不生由般若生。"是知实行一切法之功夫,能不著相,即是般若,故非举布施不可。布施是实行,可见修佛法者,不但明理而止,必须实行方可。惟其实行,故只有布施能摄一切法。不修行一切法,如何能度众生,修行一切法而著相者,亦不能度众生也。

未能自度先要度他,此学大乘者之恒言,然必先问自己果有此资格否。如果不能切实用功,专作度生之事,即不免向外驰求。故《大论》云:"若菩萨发心,即去度生,无有是处。"然则如何而可,曰应先发大心,而修行一切法,究竟从何处修起,则先行布施。布施不但居六度之首,亦四摄法之首,所谓布施、爱语、利行、同事也。佛之穿衣吃饭,处处与众生同之,不外四摄。众生性刚强,不易听从。故必先就其需要者布施之。又以可爱之语,使之乐闻。又不论世间法,彼要行者,亦利行之。如求子得子,求财得财之类。且又与之共同作事,然后众生能为我所摄受。故此节正紧接上文度生,而指示下手之方法也。

且布施即一切佛法。佛法自始至终,不外一舍字,布施即舍也。推之,持戒舍贪嗔痴,忍辱舍嗔,精进舍懈怠昏沉掉举,禅定舍散乱昏沉,般若舍二边及我执法执,六度无非是舍。是知布施,乃一即一切,修行佛法,彻头彻尾,一贯到底者也。经文于度生下只言布施,真是扼要。小乘亦有行舍功夫,言其即行即舍。此文行字下加一于字,即是侧重布施。

前说布施不外一舍,是横说。实则下学上达,从竖说,亦不外一舍字。如听经者舍世间娱乐而来学佛,天人舍欲界即升色界,舍色界即升无色界,舍我执即证罗汉,舍法执即为菩萨,并舍亦舍即成佛。故从竖说,布施亦是彻底功夫。

佛说法是圆音,面面俱到。行于布施,在表面看,是不取非法。然布施是舍,即不取法。故举一布施,即二边不著,本经无论何句皆然。或疑既不取法,又不取非法,学者动辄得咎,如何下手。其实不难,须知吾人去行布施,即可二边不著。行时先不住空,是行于法。佛云:宁可著有如须弥山,不可著无如芥子许,故先须堵住空门。专意修法,在法上着力,即无断灭相。只要一面行去,一面不放在心里,即两边不著矣。然有所为而布施,即是住,即是著,不过有漏功德。不但非功德,更有因此堕落者。舍字用今之新名词,即是牺牲。在世为人,倘为社会牺牲,必能公而忘私,国而忘家。可知布施一法,包括一切,故佛法不但出世间者宜学,即在世间做人,亦不可不知。

(子)次,指释。

"所谓不住色布施,不住声香味触法布施。

所谓者,指从前所已说也。恐人怀疑,究竟如何不住而修一切法耶。佛告以即我从前所说,不住五蕴、十二处、十八界,乃至阿耨多罗三藐三菩提等。今简要言之,举色声香味触法之六尘。六尘是修行上境行果之境,举此可摄一切法也。眼根所见之万象皆是色。耳根所听者为声。鼻根所闻者为香。舌根所尝者为味。身根所接者为触。意根起心动念之分别,有对色声香味触而起者,亦有对非色非声非香非味非触而起者,种类极多,无以名之,名之曰法。六尘之名有二义。一言其无量无边,如微尘之多。一有染污意,吾人一有沾惹,即为所污。不住即不执著,一有执著,即心不清净。如就布施言,倘有所为而为,争自己面子,即住于色。又欲令人知之,即住于声。又欲人人闻其美名,即住于香。欲人人口中称道,即住于味。为得后来果报,即住于触。若有心为之,即住于法。故必心中一无所住,方为波罗蜜。波罗蜜印度语处处用之,犹此方说"到家"二字。

上文菩萨于法,乃指一切法,此独举六尘,有许多妙义在内。于此须用观照,一步一步作观,由外而内,由粗入细。(一)佛不说一切法而只说六尘,实令吾曹知一切法不应住。(二)为何一切法不应住,应知一住即被染污。(三)佛举六尘,其理至深。何以故?说色有眼根在,说声有耳根在,乃至说法有意根在,根境相对,举六尘,即含有六根。浅者见浅,仅不住境。深者见深,即能不住心。(四)根是根,尘是尘,如何起交涉。中间之媒介,是六识。识不生,根境不交涉,所谓心不在焉,视而不见,听而不闻,食而不知其味。佛意非但境界不可住,即识亦不可住。令学者知住境祸根在识,即分别心,应于起心动念时下手,不住于识也。如此一步进一步,即能消归自性。

起心动念,如何留神?就布施言,凡起心动念,不出三种。一为自身,二想人报恩,三想得果报。布施不外财、法二施,_{无畏施包括于法},往往自己先觉舍不得,即有一我在。须知财法不外六尘,此不可住。在起念时用功,将自身撇开,庶几我执可破。布施后希望人家报恩。须知酬报者无非六尘,此不可住。将望报之念撇开。布施,希望得果。果报亦不外六尘,此不可住。将果报之念撇开。(五)频频观照,而我见仍在则如何?是应进观照三轮体空之道。布施,有施者<small>能施</small>,受者<small>所施</small>,及所施之物。我今观照施者受者,当体即空。何以故?皆因缘所生故。施受既空,所施之物亦空,是谓三轮体空。能于此吃紧用功,破除六、七两识,则我见自消,证得自性矣。有人说,布施三面具足,何以名轮,不知此实有深意。一是运行,佛说布施,要令度人,轮有度义。修行者随时布施,能将烦恼碾碎,轮有碾义。此说不住色声香味触法而行布施,即令吾人明三轮体空之道。财施即六尘,法施即法尘,皆是缘生之法。既知当体即空,又何必住。既观照三轮体空,当然不住。

(子)三,结成。

"须菩提!菩萨应如是布施,不住于相。

如是二字,即指上文所谓不住色布施,不住声、香、味、触、法布施而言。不住于相,并非断灭。不住即舍,然舍能否究竟,丝毫无住,亦非易言。故华严分舍为多种。最后说究竟舍。须心中些微不著,不落二边,方为究竟。此云不住于相,即含二边。言既不住法相,亦不住非法相也。何以知此相字,可赅非相,可即上文证明之。应无所住,是不住法相。行于布施,是不住非法相。所谓不住色、声、香、味、触、法布施,是不住有。菩萨应如是布施,是不住空。须知不住非断灭,不住即行。住即不能行,行即不能住。修菩萨道者,六尘固不可住。然若断灭,即不能度众生,众生正住六尘境界,故应从此处度之。

上文应无所住行于布施,下文即言应如是布施不住于相。佛意谓菩萨应当如我所说,二边不著,于中道行。可见无所住,并非不行。不住相,不是空谈。要在实行中间,不著有,不著空方合。全经破相,此处点出。佛意若谓,非教汝不住于法,乃不住法相也。

修行固然要离尘境,然不住六尘,谈何容易。故修行本旨是不住,而下手时却不能灭境。譬如念佛,观想佛像,色境也。天乐水鸟,声境也。莲花香洁,香境也。饭食经行,味境也。但受诸乐,触境也。忆念弥陀,法境也。故不住二字须认清,决非断灭。断灭即空,亦即非法。布施摄一切法相,亦摄非法相。故不住云者,不住法,不住非法也。世人舍命亦是舍,不过住相耳。如尽忠报国,杀身成仁,至多不过成神。倘舍命时,另有利己心,嗔恨心,或至堕落。青年男女,为爱情而舍命,亦易遭堕落;或挟嗔恨而舍身,且至堕地狱。地狱有铁床铜柱种种惨酷之报,正为慈悲众生而设也。凡此皆是住相。若存断灭想而舍命,如消极一流,觉世间无可留恋,自捐生命,此即住于非法相,沉滞于空,不如不舍。断灭沉空,或亦至堕落。故舍不应住法,亦不应住非法。

菩萨为众生而舍命,亦有之。然若住于度生之相,亦不能成佛。故本经下文有恒河沙等身命布施,不如受持四句偈之比较。恒河沙等身命布施,非菩萨不能,凡夫无此许多身命。然尚不如受持四句偈为他人说得福多者,因受持诵说,能成佛也。

修行不得受用,不外二病。一不得扼要,二道理不明。如能扼要明理,自能受用。不可离修行而说性,否则空谈。不能离性而修行,否则盲进。本经处处说性,处处含实行。

发大愿,行大行,方能入佛门。前科降伏,即发大愿。此科行于布施,即行大行。必无所住行于布施,方是大行。有愿无行,愿是虚愿,有愿及行,愿是重要,行更重要。无大愿则大行不能起,即行亦是盲行。如何方为大愿,如何方为大行,必大悲大智方可。所有一切众生之类,皆令入无余涅槃而灭度之,大悲也。如是灭度无量无数无边众生,实无众生得灭度者,知众生同体,无所谓佛,无所谓众生,大智也。悲智具足,方能发大愿,行大行。菩萨于法应无所住,凡夫之病,即处处执著。能不执著,即大智也。行于布施,即大悲也。无悲则大愿不能发。无智则大行不能行。悲智愿行无不大,方是菩萨摩诃萨。必如此圆满具足,方是无上菩提。上文于大愿,则先说大悲,是不住空。住空即不能发大愿。此文于大行,则先说大智,是不住有。住有即不能行大行也。

凡夫对一切事,总是放不下。为何放不下,即是有我在。佛只说布施,一下手即破我。再进一步,在境界上破。更进,在起心动念上破。前科说发大心,处处却是不住,是潜移默化,化去我见。凡夫为我之念最重,今为众生,将我抛开。无论卵生之极愚,无想之极高,必悉令入无余涅槃而灭度,此即化除分别心,正对六七识下药。凡夫所以轮回六道,不能出离,亦是六七识使然,今转移之,即成波罗蜜。

发心要广大,非广大不能化我见。修行则要细密。先发广大心,方能修细密行。故必先观一切众生是缘生,且本寂,且同体；先知自己习气之重而潜移之，方能修行。

发大心，为何依降伏其心而说？起大行，为何依应无所住而说？此即是要降伏，应先知病根所在。知众生所以成为众生，即在有欲色识，故发心门说此类语。由此用功，六七识自然能化。说细密修行，切指应无所住。可知修行当然要行不要住。下此功夫，正令六七识无存在余地，真心自然显露。此是不住而住，故下文说应如所教住。

佛教人，所有一切众生，皆令入无余涅槃而灭度之。此菩萨发心，未自度，先度他。实无众生得灭度者，令人知缘生平等同体等等，此度他，即度自己。直是自他同度。然佛终不说度自己者，因吾人我执重，故不说也。度众生如何度，要起行。布施即破七识之执我，破六识之分别心，此明明是度自己。故发心要大，度己先要度他，度他即是度己。说到修行，先除自己病根，度他先度自己，度己即是度他。然布施一方面度己，而实际是度他，此佛只说行于布施之精意也。

古人说应无所住而生其心一句，可以贯通全经。实则无论何句，皆可贯通。如不住于相句，兼赅非相，不落二边，行于中道，何尝不可贯通全经。大乘佛法之巧妙，可随人于各方去领会，所以称圆融。不但见浅见深，因人不同，即见深者,亦复所见不同。

前文之相字,从我相上说。此文之相字,从法与非法上说。本经往往后文无异为前文作注解。如应无所住行于布施,即为上文度生作注解。不住色声香味触法布施,即为应无所住作注解。不住于相,又为不住色声香味触法布施作注解。有人疑《金刚经》前后意义重复者,是不善读《金刚经》。倘知后文与前文之关系,则不但不重复,且见其脉络贯通。

读此段经文,又须在观照上用功。佛法处处不离观照,必时时刻刻去思惟方可。须知不住于相是彻底的。自初下手至成佛为止,皆是不住于相。倘在布施之时,存一些见好之心,则不知不觉,住于六尘矣。故非作观不可。如不存见好之心,而但觉有此布施,即住于法。故不作观,即住亦不自觉矣。

又观行于布施,是令吾人成佛,如不作观照,如何能成。应如是布施,亦是佛说一句法。如行布施时,心中有应如是布施,亦即是住于法。吾人事事依照佛说去行,心中却一无其事,方是不住法相。心中虽无其事,依旧精进去行,方是不住非法相。应如是布施,尚在外面。不住于相,即向里追求。此正用功吃紧处。又观不住于相,心中虽无其事,然存此心,又是住相。故作观时，心中一层一层入细。境与心也，法与非法也，二边不著也，二边双照也。心虽入细，仍在对待上，须知对待之见未忘，尚未能出世间。世间一切境界，无非是对待，如生死、老幼、高下、长短、大小等等，无非是分别心。故出世法，必须离开分别心，在绝对上作观。转凡夫观念，至绝对境界，即是证性。证性须要无念。念者分别心也。有分别心，即落于对待。落于对待，即时时刻刻去分别，而为意识所笼罩。必观至无念方可。然心中尚存无念二字，仍是住相。必并无念之念亦无，密密作观，庶几性德圆明，方是真不住相。佛说能观无念者，即为向佛智。是知观无念，非一时所能到，但宜向此进修，故曰向佛智。

念即是观，观即是念，能观无念者，转言之，即令吾曹念无念。念无念，必用思惟，思惟则能转分别心。分别心是向外驰求，思惟则向内寻求胜妙境界。当起心动念时，除去分别心，再依佛之方法，向内思惟，此为念无念。如念佛亦然，久久相应，即能无念。

（癸）次，显释其故。分三：（子）初，征释；次，喻明；三，法合。

"（子）初，征释。"

"何以故？若菩萨不住相布施，其福德不可思量。

征者举也。将前义再举之而自问自答也。福德即福慧双修。福慧如车之两轮，不可稍偏。有人说，佛既教人不住，何以又教人修福，此误也。若不修福，即成菩萨成佛，去度众生，而众生刚强，未必能度，故必先与众生结缘。本经所以处处说修福，而实行则只说布施，即令人福慧双修。思是窥测。量是度量。言不可以心思去窥测，不可以数目去度量也。不住相布施，不住相即不住法，亦即不著有。布施即不住非法，亦即不著空。不住相而布施，布施而不住相，如此二边不著，乃是佛境界。故福德之大，不可思量。此福德乃指成佛而言。上文发阿耨多罗三藐三菩提心，即成佛之心，与此句针锋相对。可见不住相布施，即成佛之法门。

无上甚深微妙法，即指般若，极深极细。故本经句句如剥蕉，不易了解。说者须摄相观心，听者亦须摄相观心方可。经文处处言不住相，而又处处言福德者，正是不落二边之义。

不住相,非即福德不可思量。必布施而不住相,方是福德不可思量。

　　大乘佛法,尘说刹说,横说竖说,面面俱圆。最要是破执,一有执即落二边,不著有,即著空,不是中道。听法看经,亦须面面观之。倘著一边,即不得受用。佛说了义,不说不了义。说得彻底,尚恐听者不明,说不彻底,如何能令人了解。听者亦然,否则般若之理,不得了解。故须面面说。又说而不说,留一点让听者去想。若将极深道理,一一说尽,则听者不复用功。故古来禅宗祖师,开示学人时,恒留半句,待人自悟。否则专事抄写讲义,自己不在此中努力,打一个筋斗,有何用处。看本经上文,明明说不住六尘而行布施。盖以住于境,则心不清净。须一无所为方可。然此处则说福德不可思量,岂非上下文意义冲突耶?福德非即相乎?何故处处言不住,又处处言福德乎?须知上文教人不住六尘,是教人不执著,并非灭却六尘。下文有于法不说断灭相可证。盖修行即有境界,不是不要境界,托境方能起修。布施而讲福德,即指示人以下手方法。故教人学佛,必须托境,方可下手。自己学佛,亦必须托境,方能下手。本经说不住六尘,而《弥陀经》全写极乐世界之六尘,看似相反,实则相同,且正可见净土境界之高。苦恼众生,起心动念,不离六尘。净土法门之妙,在改变众生之心。而观想极乐世界之六尘,即不住空,由此而脱离五浊之六尘,即不住有。故佛法治心,不重降伏而重转移。使众生心转向佛境之六尘,即脱离五浊之六尘,二边不著之下手方法,即在此。

(子)次,喻明。

"须菩提!于意云何?东方虚空可思量不?""不也,世尊!""须菩提!南西北方四维上下虚空可思量不?""不也,世尊!"

"不也,世尊"之不字,古德注经读为弗字,字书上无此读音。盖古者译经,于梵文无相当之字,往往用近似之字,而另读一音,以为区别,亦译经之苦心也。如各经中凡遇解字,均读懈音,所以表明不但文字宜了解,并宜消归自性,不即文字,不离文字,方可。此处不字读弗,是表明不仅作否决意解,含有唯唯、否否之意。大概下文无解释,是作否决解。下文有解释,是不完全作否决解。

虚空无相,而不拒诸相发挥,此语最宜牢记。平常眼光以为虚空是一切无有,乃小乘之顽空耳。实则虚空乃包罗万象,大乘经所说虚空,正指包罗万象而言,其中有无数相在内,方显虚空之大。佛所说空,皆应如此去领会。须知无所不容,乃是第一义空,所谓空而不空。不可思量云者,非谓其无相不可思量,正谓其无所不容,方是不可思量。举一东方,又必举南西北四维上下者,并非闲文,正显佛说随举一法,皆赅十方也。

佛说法面面俱圆,不可从一面去观。如华严专表重重无尽之义。盖佛说法从无量无边性海中流出,故重重无尽。虚空不可思量,若以为只喻福德,仍是从一面观,实则喻不住相布施也。

然佛以虚空为比喻,仅说东方,亦已可了解,何故又说四方上下。此有五义:(一)随举一法,当体即空,均不应住相,虽虚空亦然。(二)须知东南西北四维上下,均是假名,望东成西,望南成北,本无一定。可知一切法亦均是假名,无有定法可得,所以不可住。(三)既然十方皆是假名,假名是相,故不可住。我与众生,亦是假名,亦不可住。然一切法皆是同体,在性体上原是一个。如此领会,方是心佛众生三无差别。如此福德不可思量,如此不住相布施即佛境界,福德之大,岂凡情所能窥测哉。(四)十方皆在虚空之中,实则皆在一念心中。虽说十方不碍同一虚空,虽同一虚空不碍十法界。令人领会因果同时不碍一法界,一法界不碍因果。(五)举十方则虚空无相而不拒诸相发挥之理自明。从此观照,乃空有同时,虽空有而圆融自在,方可明布施不住相,不住相福德不可思量之义。

以虚空为喻,而复举东南西北四维上下为言者,并非闲文,实关要义,切不可忽。(一)十方皆在虚空中,使知十法界同居人人一念心中也。(二)随举一方,皆是虚空,使知随举一法,当体即空。(三)然则东南西北,四维上下,皆假名耳。使知我人众生,乃至一切法,莫非假名。(四)既皆假名,故虚空原是一个。使知我人众生,乃至于佛,种种差别,约假名之相言之耳,约性体言则一也。故曰:心佛众生,三无差别,故曰一法界。须知众生以不达一法界故,不觉自动而有无明也。(五)虽有十方,而不碍同一虚空。虽同一虚空,而不碍有十方。使知十法界因果森然,而不碍同一性空。虽同一性空,而不妨十法界因果森然。此即显发虚空无相,不拒诸相发挥之理。如此,空有同时,存泯自在,方是虚空不可思量。方足以喻布施而不住相,不住相而又布施之福德不可思量也。若但言虚空,乃偏空耳,岂般若之第一义空,又何足云虚空不可思量耶。所以言虚空必兼言东南西北四维上下者,理在于斯,当如是知也。如是知者,乃为正知。

(子)三,法合。

"须菩提!菩萨无住相布施,福德亦复如是不可思量。

十方虚空无相而不碍诸相发挥,正似布施不住相。不住相而布施,正似虚空不可思量。菩萨能如此有而不有,空而不空,方是背尘合觉。上文言不住相布施,此处不字易无字,大有深意。盖善男子、善女人,既发阿耨多罗三藐三菩提心,有成佛资格。故教以不住相布施。此处教之用功,必须达到真能无住,无一丝一毫之未尽方可。

(癸)三,结示正住。

"须菩提!菩萨但应如所教住。

归结到无住乃是正住,正指应无所住,又答应云何住。

上文皆说不住无住，此忽言如所教住。意谓应依我所说之教而住，明是住而无住，无住而住，不是断灭。玩但应二字，可见除依我之不住无住外，别无他住。且含有降伏之意，降伏即降伏此住也。又但应者，意谓应如我所教之不住二边之住而住，方是正住。住又有主义，但应依我所教之二边不住去修行，本以不住为主，否则非大乘佛法。

此发离相心及不住于相两科，相互发明。前言降伏即含无所住之意。此言不住即含降伏意。故降伏及不住，两事即一事。修行下手，即是一舍字。舍不得即为执有我见。佛言舍，即破我执。此我执能舍一分，即破得一分，一层一层破去，至于究竟舍，我执方破尽。等觉菩萨，尚有一分法执未破，必至佛果，方究竟舍。故佛法自始至终只一舍字。舍者，正是不住空，不住有，即是离相心。心量大到无量无边，方是阿耨多罗三藐三菩提，若心量狭小，又乌能舍。佛不说住，成佛尚不住佛相。故禅宗祖师，完全用《金刚经》方法，对学人说半句而不说破，令学者去思惟，左又不是，右又不是，将妄念打得落花流水，忽焉脱落，正是妙住。

(癸)四，更明所以。分二：(子)初，问答释明；二，阐义印许。(子)初，又二：(丑)初，问；次，答。

（丑）初，问。

"须菩提！于意云何？可以身相见如来不？"

古德说："菩萨但应如所教住止，一部《金刚经》，大义已尽，以下是一重一重断疑。"断疑固是，然意义犹未完足。今之分科，用更明所以四字，煞费斟酌。盖所以然不明，方有疑。若知所以然，则疑自断矣。

身相二字，旧解皆指三十二相之应化身言。如此则下文三十二相，岂非重复。《金刚经》一字一句，皆有深意，决无重复者。此身相二字，应就众生之本身言。如来二字，指众生本有之法身言。上文处处言不住相，不住者，即令人会相归性也。众生之心，称如来藏，是言众生本具法性。不过藏在人我、法我之中。佛教以不住相，即令众生自见所藏之如来，如此解释，比较亲切。佛意若谓，汝等众生，能就身相见汝之本性耶。

此科是将上来所说之理，再说明其所以然。上文所说种种道理，最紧要者，即反复陈明不住于相，而均归结于可以身相见如来一句。上文菩萨不住相布施,其福德不可思量,佛已说明其故,然尚未说其所以然。盖不住于相,要点即在证性也。一切凡夫,从无始以来,只认得一个相。故向外驰求,背觉合尘,将本来面目忘了。上文言不住法相,不住非法相。法者,指一切事事,物物,吾人之臭皮囊,是一切事物中所最执著者。无始以来,即执此为身相,将假作真,殊不知是无常生灭。即见解稍高者,知此身如幻,然尚执著喜怒哀乐之已发者为情,未发而无动者为性。彼以为心之官则思,思则有所禀受,推其原不可得,以为受之于天,故云天命之谓性。世间皆如此见解,此与佛法完全不同。彼所说无动作者,正是佛法所说之相。佛所说之不动,则无论七八识之恒审思量,表面上尽是动作起灭,而性则不动,即喜怒哀乐亦是动作起灭。如误以未发者为性,即必为所束缚。世间上自圣人,下至愚夫,完全是此种执著,总不外乎生灭。故须认得此不生不灭之主人翁,方可不为相转,而相为我所转,不随生灭无常中走,即可以了生死。

佛令人不住相,吃紧用功在此,佛法千言万语,所说亦不外此,本经开始即说不住相,即令吾人认清此点。执相即著有,不执相即著空,是一切凡夫之通病。小乘与凡夫相反,了知身相是幻,即喜怒哀乐之未发亦是相,证得偏空,而了生死,出三界。然又得一病,病在著空,此空仍是相。大乘起信论说,空者空其妄念,必连起心动念之喜怒哀乐未发者亦空之,即住于无相。以为偏空便了生死。不知著空,又住于非法相,故佛斥其不合。须知有体必有用,有性必有相。向来说凡夫之执著,不外随相追求,只须知相之虚妄即可,如又执著空,即堕于断灭。性与相是不一,性是性,相是相,体是体,用是用,故不可灭相,灭相则如物之有底而无面。性与相又是不异,相即性之表现,性即相之根本,有根本而不表现,是有体无用,故佛不住涅槃。何以故?一切众生,正执著此相,若佛不表现此相,不能度他,故证性体原为起行。若小乘者,佛所以斥为焦芽败种,堕无为坑也。此科文正发挥此理,俾知佛令人不住法相,又不住非法相之所以然。

佛教人修行,原为度众生,倘堕无为坑,如何能度。故般若要在二边不住,必不住有,不住空,方能称性。又性是无相无不相。无相故,不可著有,不可以住法。无无不相故,不可以著空,不可住非法。正惟性是无相无不相,故凡夫执有一边,见不到性,小乘执无一边,亦见不到性。千经万论,无非说明此理;大德注疏,亦无非发挥此理。

故此处身相,不应就佛身说,必就众生本身体相上说。上至佛,下至一切众生,皆是此相。佛证得法身,故称如来,一切众生,喜怒哀乐起心动念,本是不觉。然能成佛者,亦即此众生心。故此心即是如来,不过为无明所蔽,名之曰如来藏耳。佛问此语,是试探须菩提及大众,乃至未来众生,究竟我上文所说不住相,如何可以相上见性耶。倘答以可以见如来,则住于法相,是凡夫。倘答不可以见如来,则住于非法相,是小乘。

(丑)次,答。又二:(寅)初,双明;次,释成。

(寅)初,双明。

"不也,世尊!不可以身相得见如来。

自来读《金刚经》,不可以身相得见如来,作一句读。妙煦持诵此经四十余年,在十余年前,偶然悟到,应作两句读,然尚不敢决。后读南岳大师讲《法华经》"唯佛与佛乃能究尽诸法实相,所谓诸法如是相、如是性、如是体、如是力、如是作、如是因、如是缘、如是果、如是报、如是本末究竟等"。有三种断句法。方敢决定分作二句。但此等方法,唯空宗之经,及罗什大师所译之经,可以用之。

旧解身相当然是空,从法身上说,应化身亦是幻相,故云不可以得见如来。但义有未尽,照此解释,则住于非法相矣。须知"不也,世尊!"之不,是唯唯否否,不可完全作否决解。既答不可,复说可以,故是双明。且果全是否决,下句何必加以得字。须菩提意谓,不可以相作性,就身相见如来。然相由性现,亦得以身相见如来。故下文又有如来所说身相之申明也。

作一句读,于事实上、道理上、文字上,种种说不通。倘如此答不可以身相见如来,须菩提尚止悟相是相,性是性,仍是小乘见解,落于偏空,不是第一义空,何以能称解空第一。况前八会皆是须菩提当机,且曾代世尊宣说二边不著之理。何以至此反不明了耶? 此与事实不合也。本经发起序中,世尊于穿衣吃饭,示现大空三昧。众人不知,须菩提已悟得其理,一启口即赞叹希有世尊,如来善护念诸菩萨,善付嘱诸菩萨,明明见得如来之示现凡夫相,见得相不障性。何至经世尊两番开示之后,仍只见得一边,性相不融。则前文希有二字,即无来历,如来善护念二语,亦了无意味。此与道理不合也。又照此读法,完全是否决,则不也世尊一句可了,何必赘以身相见如来,又何必加以得字。此于文字上不合也。

(寅)次,释成。

"何以故？如来所说身相,即非身相。"

如来所说身相,即非身相,是二边双照。性即相之体,相即性之用。相非性不融,性非相不显。离相即无所谓性,离性即无所谓相。但看执著与不执著耳。著相者,相即为障碍,而不得见性,故答言不可。苟不执著,即相可以见性,相如物之表面,性如物之里面,倘物之表面如玻璃明彻,即能见其里面,故答云以身相见如来。盖不执著,即不落二边,正不必如小乘之灭色明空,灭相而见性,即下文不说断灭相也。般若之理,全在于此,须要观照,仔细用功。

约相说是身相。约性说当体即空,性本无相。约相说相是相,性是性,相是虚妄,性是真实,故云不可。约性说相本是当体即空,性可融相,真实之理即显,何必离虚妄之相,得见真实之性,故云得见如来。能知相空即得见性,如此解释,方与须菩提当机请法相合。众人见佛之穿衣吃饭,示现凡夫相，即著凡夫相，不见如来。须菩提由相见性。知佛之不住相，即见如来。故此正是双明之释成。

（子）次，阐义印许。分二：（丑）初，明性本非相；次，明即相见性。

（丑）初，明性本非相。

佛告须菩提："凡所有相，皆是虚妄。

结经者安佛告须菩提，示下文道理重要。此句即是印许，以下更推广言之。方才一问一答，只说身相。实则凡所有相，皆是虚妄。汝说不可甚是，盖性本非相也。此妄字是广义，虚妄犹言虚假，既知是虚假，应回光返照，不可向外驰求于相，从速归性。性本真实，岂能以虚假见真实耶。知此则凡夫之病可免，不至堕入轮回。

（丑）次，明即相见性。

"若见诸相非相，则见如来。"

诸相即一切相，即凡所有相。只须彻底明了一切相皆是虚妄，即不逐妄，即知有真。故见诸相非相，则相不能障性，即见如来，何必灭相，即相可以见性也。汝答得见如来，极是。见字亦有功夫，要真能见诸相非相方可。若只是说理，即不能见如来，则字，历来流通本作即，此依唐人写经作则，则与即本可通用，但作便字解可通，作就字解则不能通。

凡所有相，既是虚妄，皆不当住。故上说法相，说非法相，即包一切相，佛说不住相，即是令人见如来。若执应化身，即不能见法身。故不住相，即令人见性。又不住相，是不执著。不执著，即不为相所转，并且相反为我所转。故只须了知是虚妄，不必断灭且亦不可断灭，盖相本由性现也。佛令人对世间法，不可执著，亦不可厌恶。凡夫执相，是住法相而生烦恼；修行人厌恶世法，又住非法相而生烦恼。须知性本无相无不相，不能断灭。吾人用功，须先观照，久久方能照住，最后能照见。依佛说二边不著去修行，行来行去，至功夫纯熟，深之又深，方是般若波罗蜜，方真见诸相非相，即《心经》所谓照见五蕴皆空，度一切苦厄也。《心经》之色，即此经之相，受想行识，即喜怒哀乐起心动念，照到皆空，方是诸相非相。皆空即是三空，非小乘之但空。故又云色不异空，空不异色。如此说色与空尚是两橛，故又云色即是空，空即是色。此即空有同时，此与凡所有相四句相通。凡所有相皆是虚妄，与空即是色通，一切假名，当体即空也。若见诸相非相则见如来，与色即是空通，色即空，可见空不在色外，何必灭色明空，故云则见如来。见如来，即见性也。不执著相，即能度一切苦厄。

苦厄无量，举其大者，凡夫之分段生死，小乘之变易生死是也。凡夫身有长短，命有寿夭，流转生死，谓之分段生死。小乘证得性无相，既得体，本可现相，彼畏苦，不肯入世度生，心中起微细生灭，佛名为变易生死。若见如来，即能度此等苦厄，度苦厄由于见如来，见如来由照见，故用功最要是作观。此科经文，若消归自性，则遇一切相时，第一步功夫，即观凡所有相皆是虚妄，至于色声香味触法，则观诸相非相。

或以在尘劳不易作观为疑，请就上海言之。吾人终日所闻者，车声，人声，种种喧扰声。须知此等声，皆起灭不停；此等熙来攘往之众生，皆忙于衣食，不由自主。然此实非车声，人声，种种喧扰声，乃无常苦空无我之声，当体即空。然明明是声，而如此作观，则不著有，不著空，乃是般若波罗蜜多之声。故经文无论何句，皆可作观，行住坐卧，不离这个，则受用无穷。如此依文字起观照，先须我去读经，是经转我。至于作观，则是我转经。经转我，则以经转移凡情。我转经，更为重要功夫。此科经文，是说明上文之所以然，即降伏其心应无所住等之总结。故依此文观照，与观照上文无异。

凡所有相，皆是虚妄，若见诸相非相，则见如来，见如来即见性，见性即不住相之所以然。见性见得一分，即初地菩萨，即不退转于阿耨多罗三藐三菩提心；见得究竟，即成佛，即上文福德不可思量之所以然。成佛见性法身显现，徧满虚空。即上文用虚空作比喻之所以然。须知本经说来说去，皆说无住。前文不住于相，即释应无所住，因此一开口，先说降伏其心，所有一切众生，皆令入无余涅槃而灭度之，即教吾人不住。灭度无量众生成佛，指示吾人发心之法门。实无众生得灭度者，又将此法扫却，此即指示吾人不住法相。后说菩萨应无所住，亦教人不住法相。行于布施，教人不住非法相。虽复说但应如所教住，意思仍是教人住于无住。即古德所说但求妄息，莫更觅真。真即真心，又即真如，应者如如平等也，何以如如平等，性体本如此。有此性体，即能现相。故证得者，不可存此真心。若一觅真，即是六七识，即成为妄。古德谓之执异,执异即判真妄为二,不是平等,故说应如我所教住,以降伏妄心。凡夫均是妄心,必妄心分分除,真心方分分现,但求妄息,莫更觅真,即此意也。

凡所有相皆是虚妄,一住即妄。故前文开口即言降伏不言住,何以又说若见诸相非相则见如来,此是说不住之益。倘能见诸相非相,即见得真性。此即上文不说住而说降伏,但应如所教住之总结。于此可知《金刚经》行文如天马行空,而说理则细针密缕,处处开,处处结。读此科文,如奇峰突起,看似与上文不接,实为上文之总结。正如重山叠水,层层包裹,处处有来龙去脉,处处有结穴也。就文字说,一面说,一面扫,正是不住法相,不住非法相,真足当文字般若。读此经,讲此经时,在前文须将后文摄入,在后文应回顾前文。如凡所有相皆是虚妄,即与下文若以色见我,以音声求我,四句偈相照应。若见诸相非相则见如来,与下文于法不说断灭相,亦息息相通。

更明所以一科,有四要义:

(一)上来但以虚空喻福德不可思量,释明应不住相行施之故。此中更明若不住相,则能见如来性体,此福德之所以如虚空不可思量也。

（二）上来说不住相，防不了者疑为灭相。此中更明是不取著，并非断灭其相，所谓若见诸相非相即见如来。此是不住相之所以也。

（三）上来说因行，应不住相，防疑不但一切众生皆有苦果之四大五蕴身相，即世尊极果亦现丈六八尺三十二身相，云何不住。古人但举如来果德之身相言。今谓亦可通于一切众生，于义较圆。因下文明言凡所有相故。又向后更有可以三十二相见如来否之问，乃是专指果德故。今明其皆不可住。约果德说，住则不能见如来。约苦果说，住则不能见本具之如来藏矣。此是但应如所教住，亦即应不住相之所以也。

（四）小乘性相不融，既以音声色相为佛，其自修又取堕著无为。今明供佛须不著色相而见如来，自修亦不应偏空，但不著相，则色即是空，相即是性，性相圆融，无碍自在。此正世尊说般若法，令得回小向大之所以也。

（辛）次，生信。分四：（壬）初，拣示根机；次，明其福德；三，结显中道；四，问释证成。（壬）初，又二：（癸）初，问；次，答。

（癸）初，问。

须菩提白佛言:"世尊!颇有众生,得闻如是言说章句,生实信不?"

本经凡安须菩提白佛言者,是郑重其事,以所言皆最要紧之道理也。颇,多也。如是,指上文明示一科而言。言说,即上文所说之法。章句,非一章一句之谓。罗什大师,随顺此方成语,汉人治经之解说,多称章句。此二字,指上文所说之道理而言。实信,非悠悠泛泛之信,即能了解如是言说章句之真实义也。须菩提此问,重在实信,即开示吾人对如此言说章句,必生真实信方可。上来世尊所说,甚深甚深,一切众生,闻者当然生信。然能生实信者,多耶否耶?恐怕不多。盖道理如此之深,生实信者,非上根利智不办,然此等根器是不多见。究竟须上根利智耶?抑不必上根利智耶?

(癸)次,答。又二:(子)初,拣能信之机;次,示夙根之厚。

(子)初,拣能信之机。

佛告须菩提："莫作是说。如来灭后,后五百岁,有持戒修福者,于此章句,能生信心,以此为实。

结经者安佛告须菩提,示所言重要之意。莫作是说一语,世尊直堵塞须菩提之口,令其不可作是说。不但现在大众能生实信,即如来灭度以后,至后五百年。有能持戒修福者,即于此章句,能生信心。其能生信心,即以此章句为真实义也。惟持戒修福之两种人,于此章句,能生信心,其他即不能。以此之此,亦指言说章句。为实者,言能明了此经道理。从此用功,所以能生信心,全恃以此为实。古来许多大文人,看过三藏,不止一遍,问其修行则毫无,即坐不以此为实之病。以此为实,正答须菩提生实信不之问。

须菩提之问,一是令人须生实信,一是虑甚深之理,非大根器不能实信,用意亦是。佛何以堵塞其口,此含有三要义,从下文可以看出。(一)是不可轻视众生,后五百岁,尚有其人,何况现在。(二)不可阻人善念,使生退屈心,观下文于无量千万佛所种诸善根可知。(三)不必上根利智,只须持戒修福之两种人,便能生信。一二两义,即从第三义生出。盖持戒修福之两种人，智慧均不见高也。持戒修福，皆求福报者，彼对甚深法门，原有退缩之意。故佛戒以莫作是说。

以上尚是浅言之，其中更含有深意。莫作是说一语，正对弘扬大乘佛法之人而言，不但对当时，并对后来弘扬大乘佛法之人而言。不但戒须菩提不可作是说，现在吾人亦不可作是说。佛之本意，是要竭力弘扬般若法门。本经是须菩提启请，前八会彼尚代佛宣说，可见须菩提是弘扬般若之人。下文屡说有能受持读诵，为他人说。佛之希望弘扬般若，于此可见。倘作是说，岂弘扬之本意耶。然弘扬般若，正是不易。如我国自宋以来古德，见般若法门难修，多不愿讲。以为众生业深障重，种种著相，不易领会。又恐人闻此法门，反堕偏空，甚至成恶取空，不如不讲。世尊早见及此，故以莫作是说为戒。讲般若所以反堕偏空等病，乃是讲者不善宏扬，非闻者之过。须知般若正是佛种，本经云，一切诸佛及诸佛阿耨多罗三藐三菩提法皆从此经出。苟不讲，则般若道理永不能明，岂非断佛种耶！故不得不竭力弘扬，下文所以有荷担如来三藐三菩提之语也。

近代大德，多不讲般若，而讲三谛圆融，实不易了解。佛言三谛，在法华会上，正在宣说般若之后。故佛预戒莫作是说,要须菩提弘扬此法门。意谓汝不弘扬,如何能令人了解,生实信。汝但虑及众生不易生信,而忘却弘扬般若之大事,其奚可哉。不但此也,汝不弘扬,即阻人善念,故宜竭力弘扬。然弘扬如不慎重,却又不可。佛讲般若,已是晚年。初成道时,先说华严。盖贤劫之中,释迦牟尼已是第四佛,去佛久远,不能不将佛境界完全说出。然即回头讲阿含,是令人躬行实践。迨人根渐熟,即讲方等,将大乘之理说明,令人回小向大。继此方讲般若,可见此法门须慎重。既要弘扬,又要慎重,故必拣择持戒修福之根基。佛意谓汝恐人不易生实信,又虑生实信者不多,只须依我所说弘扬,从实践上用功,则听者不致贻误。但看弘扬者之方法如何,何虑闻者不生实信耶! 莫作是说一句最要紧,尽未来际之弘扬佛法者,皆当如此。

如来灭后,灭即灭度。灭度有二义:根本义,即指不生灭之心。所谓生灭灭已,寂灭现前,名之曰涅槃。后来借用,凡一切佛菩萨圆寂,亦名入灭。灭后者,指佛之一切生灭相既灭之后也,当是应化身灭。如来是法身,何故说灭? 此有精奥之道理,佛要吾人了解,特说如来灭者,有三要义:

(一) 报身应化身皆是相,灭者是报身应身之灭。如世尊之穿衣吃饭，示现凡夫相之灭，是应化身灭也。报身亦从法身显现，既有显现，亦即有灭。此不说应身报身灭者，即明示如来不复再现应身报身，要吾人警觉。须知如来所显之应身报身，尚是生灭，所谓凡所有相，皆是虚妄，何况吾人之臭皮囊乎！又吾人身相，生不知其所以生，灭不知其所以灭，完全为业力所牵，自己不能作主。佛则不然。虽应身报身是生灭，然如来自己作主，要生即生，要灭即灭。吾人皆有如来藏，应从速回到本来面目。

（二）证得本性名如来，然法身无相，如何可见。可见者即相，即菩萨所见，不过法身所现起之报身；凡夫所见，是法身所现起之应化身。然倘能见应身报身之非相者，则见如来。故要见性，即从非相而见，不可入于断灭。故警告吾人，见如来已不容易，须勇猛精进，以证得之。吾人要见如来，当从性上求。说到性，则我与如来，自他不二，能在自己性体上理会一些，即是见如来之机。

（三）如来之报身应身，还是入灭，还是相。但不是永远灭，还要示现。须知报身应身，仍是法身之影子。吾人知法身不灭。即报身应身，又有示现之机会。古来有见丈六金身者；有勇猛精进，如罗汉之见千尺佛身者；有见如须弥山之大身者,即菩萨所见之报身。又如智者大师注《法华经》毕,亲见灵山会上,俨然未散,皆此证也。故第一义,说如来不再示现报身应身,令吾人警觉。第二义,令人知要见如来,须在自身上用功。第三义,说如来不灭,只要用功,尚能见到。

后五百岁句,自来有三种解释。(一)以后对如来灭后之后讲,即指如来灭后之五百年。(二)以如来灭后第一五百年为前,第二五百年为中,第三五百年为后。(三)说如来灭后第五个五百年。盖正法像法各一千年,末法一万年,此正指末世之初五百年。如来灭后正法千年,初五百年,解脱坚固,次五百年,禅定坚固。所谓解脱,即证得般若波罗蜜,度一切苦厄。坚固者,众生根器坚固也。次五百年,根器稍差,然能住于禅定。此解脱与禅定,正是定慧,故称正法。像法千年之初五百年,虽亦有解脱禅定者,然已甚少,专事讲理,不重实行,故云多闻坚固。须知看经重在作观,徒事多闻,如数他家宝,自家无半点分,又名说食不饱。世尊对阿难说,多劫以前,与我同修,至今仍为佛之侍者,其病即在专务多闻。次五百年,虽多闻者亦少,众生只知修寺造塔,故云塔寺坚固。此一千年,佛法形式尚是,已失佛之本意,不过相像而已,故称像法。至末法之初五百年,佛法更衰,众生只知斗争,即新名词所说之奋斗。印度佛法之早灭,其原因在像法时已多斗诤。我国亦然,在唐朝中叶,禅宗净宗相宗,均起门户之诤。故云斗诤坚固。本经后五百岁,正指此时。现在则又在末法之更后五百年矣。故佛说此时若有人能看经,是真不可多得者也。

以此为实,正是能持戒修福者,此有四义。

(一)般若是正智慧,慧由定生,定由戒生。故欲起般若正智,须从戒用功,否则未由生定生智。凡夫能持戒,方能离外染,如不持戒,则心不清净,不能摄心一处,不能作观,如何能生般若。倘不由持戒而欲生智,则堕入恶取空,亦不可知。故福慧双修,如车两轮,缺一不可。修行者能如此,方能成两足尊。且两者须平等,不可轻重。有人说,只要智慧。殊不知重慧轻福,即缺少大悲,万万不可。故诸佛教人发大悲心。本经开口即说布施,足见修慧不能不修福。若不修福,则与众生无缘。不但无缘,即修行者之相好,亦不能具足。弘扬佛法者,相好亦关重要,故佛经中处处说佛菩萨之相好。罗汉之相,即不如佛,此有道理。前说证得体后要现相,均为众生,众生见相好者,易于亲近也。般若法门,是令人成佛,持戒修福,是成佛根基。

（二）须知持戒之人，必少欲知足，贪欲较少。此类人修般若，方不出毛病。盖修般若须离相，贪欲多者，决不能离也。修福者必深信因果，世人要得名利，依照世法去求；此类人则照佛法去求，故深信因果者，决不致偏于断灭相。不住于相，则持戒者最宜。不入断灭相，则修福者最宜。如贪欲多者，一闻般若，毛病甚多。有曲解不住相，以为为恶不妨，放言高论，无所不为，反自以为深得般若之理，甚至杀生淫乱，而皆以为不住相。故佛不取此类人，必拣少欲知足之人。

（三）前文说发心行般若，应行布施，布施即舍，此两种人即能舍者，持戒能舍于世间之欲，修福则舍自己之财产精神，以为财、法、无畏，施之于人，此正合般若道理。

（四）修此法门，宜先将非法相一门堵塞。持戒修福，正是堵塞非法相。只要再在法相上，久久观照，于法相不取著，即可成就。故佛拣此两种人，可见持戒修福，无异于正指学般若法门之人。又即是对吾人言，若要学般若，须诸恶莫作、众善奉行。不作恶是戒，行善是福，切实履行，将基础筑固方可。此两种人，是谨小慎微，能放舍一切，否则不能入般若。能生信心者，以信为入道之门也。必如此实行，方能入门，否则单是讲说，不能入门。

有人说持戒修福,是修般若之根本。先堵住偏空,此固然矣。然尚有疑。经中明明说以此为实,此两种人,毕竟智识不足,何能明了本经之真实要义耶。此有紧要道理在,何以故?蒙佛加被故。此类人是佛所拣定之根机,若能依佛说,持戒修福而行,必蒙佛加被,即能以此为实。学佛者定须行住坐卧,时时刻刻,求三宝加被。无论修何门功夫,均如此。即讲经时亦须将平时知见抛开,求三宝加被。若离此观念,即是未起信心。即如念佛,于念时,非将平时知见一切抛弃,心中一无所有,专意求弥陀加被不可。

然又有人说,如此则学愚夫愚妇即可,何以佛又说须读诵大乘经典耶?此有二义。一,明了经典,则功夫加胜。将道理蕴于八识田中,一旦相应,则三明六通能一时发生。二,果真能信,应学愚夫愚妇之信心坚定。无奈世间中等人多,不肯自居于愚,故定须令之明理。

古德著书,开端多有求三宝加被之语。大菩萨作论,论前亦有承佛威神力故。此是真实不虚,非依赖性,亦非迷信。倘无此等观念,则有一我见存在,将自己性灵障住,著书作论,如何能彻底。故非将我见完全抛开不可。世间法如孔子,动辄归之于天,亦得此意。汉以后学者,即不之知。

（子）次，示夙根之厚。

"当知是人，不于一佛二佛三四五佛而种善根，已于无量千万佛所，种诸善根。

上科持戒修福至以此为实，此科正为之作注解。是人即指持戒修福者，指明是人，不说人等。可见持戒修福，虽说两事，实是一事，二者均不可缺。一佛至二佛，时间已极长远，不知多少劫数，何况三四五佛。可见是人善根种得极远，而世尊又说尚不止此，已于千万佛所种诸善根。且千万之上，再加无量二字，则时间乃是不可说不可说之长远。是人不但修一善，并修诸善，诸善指六度万行而言，可见是人于般若，已修得极其长远矣。种根，正对持戒修福言。是人种根已极深，是诸善合成之根，真所谓难能可贵。

世尊于过去无量之事，均悉知之，此说是真实不虚。就吾人凡夫眼光观之，是人持戒修福已合道妙，何以故？上文世尊对须菩提一开口，即说所有一切众生之类，皆令入无余涅槃而灭度之，如是灭度无量无数无边众生，实无众生得灭度者，是发大心。先应度生，即不落空；次实无众生得度，不住于相。次说大行，应无所住，先说不住相，次说行于布施，倘住而不行，即是落空。此二段文，世尊叮咛告诫，必不落空，方可发心修行。是人下手即持戒修福，岂非与世尊所说先不落空暗合乎。又发起序中，世尊欲说般若，先示现凡夫，著衣持钵等即持戒；又令众生生惭愧心，即修福。是人持戒修福，岂非又与世尊本意暗合乎。可见非久远以来种善根者，不能如此暗合道妙也。观世尊语气，似乎是极力赞叹是人，其实是鼓励吾人，使闻此言说章句者，即当实行，故对须菩提有莫作是说之诫词。以为若如须菩提之说，后之人必以般若为难修，寖至高推圣境。其实不难，即在持戒修福下手。此是世尊之大慈大悲。须菩提岂不知发心修行，须不落空，不过代众生请问耳，亦是大慈大悲也。

吾侪苦恼众生，如今得闻此言说章句，亦是希有，亦是无量千万佛所种诸善根者。倘不如此，则于甚深微妙之般若，不可得闻，即闻亦等于不闻。吾侪已在又后之五百岁中，斗争更为坚固，竟能来此地读诵受持，必是不愿竞争少欲知足，有持戒之资格者。如此吾侪即不宜妄自菲薄。已持戒者，更宜用功，再求坚固。未持戒者，应照佛说去持，则诸佛必大欢喜。以此种得善根，于此发芽。吾侪有此资格，又有世尊加被,可不自勉乎。

以此为实。既明真实义,又能修行。六度之中,无论何度,皆归于修福。布施不必定要破产,但量力舍少数财,与人有益,即是财施。为人说法,或送人经典,即法施,并非难事。又劝人学佛,必劝之持戒修福,见不持戒者更要劝。又见已持戒尚未知般若者,更要劝之使明般若。此福德之大,不可思量,何以故？以是绍隆佛种故。又要劝人从速修习净土,求生西方。须知般若与净土,关系至深。前说学般若者须先不住相,不住相方能就文字般若起观照,观照功深,而现实相般若,此即是性。修行下手先观照,最后要现实相,此甚不容易。在娑婆世界中,种种恶诱,如何能即现实相。故大菩萨修行,发愿修三阿僧祇劫,不知经过多少轮回。是人善根固厚,然至千万佛无量劫之长时间,尚只是能生信心,可见业障深重,故必发愿求生西方方可。又如上文发大心,所有一切众生之类,皆令入无余涅槃而灭度之。此等度生,上至非非想天,下至地狱。吾人即发此大心,如何能去度。此实令吾人先观照缘生平等之理。若欲满愿,非先证性不可。欲证性,不可不先求生西方。生西不是为自了,原为度众生,方与弥陀本愿相合,为满大愿,可证性故。故《普贤行愿品》说:虚空无尽,世界无尽,众生无尽,我愿无尽。此非与本经广度众生之愿,完全相同耶。可见般若法门,与净土法门,是一非二。必有此大愿,弥陀方来接引,往生不为自了。有往生法门,方能成就般若法门。

是人持戒修福,亦极不容易,已亲近过许多佛,但种善根。可见成就般若法门,应亲近弥陀,实相般若,方能现前。永明禅师云:但得见弥陀,何愁不开悟。故学般若者,须速修念佛法门。修净土者,亦须速修般若法门。如不明了此第一义,徒念佛者,恐只生下品。故提倡净土法门者,不可仅说念佛为止。须知修净土,正为满大愿,仅仅念佛下生,不能满也。永明禅师之无禅有净土,万修万人去,但得见弥陀,何愁不开悟? 此偈只可劝愚人,不可劝利根人。世人忽略得见句,只注意万修万人去句,以为不必依照十六观经之修观,此是错误。观经明第一义,正是般若,若只生下品,不能见佛也。

(壬)次,明其福德。分二:(癸)初,正明其福;次,释显其故。

(癸)初,正明其福。

"闻是章句,乃至一念生净信者。须菩提!如来悉知悉见,是诸众生,得如是无量福德。

闻是章句,是指定持戒修福之人。此闻字与上文得闻如是言说章句之闻字相应。闻得如是言说章句,以此为实,方能生信。净信二字,正指实信。何谓净?即后文之信心清净则生实相。是人切实用功观照,久久如此修行,一点不著。净信即生,亦即实相。此净字非对染而言,是绝对之净。空有二边皆不著,故是实相。乃至者,超略之词。生净信,有净念相继者;有多念者。最少限度,是一念生净信,不能多念,亦不能念念相继。此乃至二字,包括许多功夫不同之人,下文称是诸众生,然无论功夫浅深,如来悉知悉见。一念,即起心动念。生者,即龙树所说一切法不生而般若生。可见非十分用功,不能得生。且一念相应,即净念相继之根,净念相继,即从一念相应而来。此一念清净,无人得知,惟有如来能知能见,盖净心是无相,非肉眼天眼所可见也。然此说尚非根本义。须知此句,正是生净信之注解。如来是法身,是人一念相应,即与如来心心相印,光光相照。故如来悉知,是性中知，正是悟彻佛性。如来悉见，是性光照，正是初开佛眼。此功夫是了不得，故古人云：一念相应一念是佛，既是佛，福德讵可思量耶！

此二小科，正为能生信心以此为实作注解。当知是人起，至已于无量千万佛所种诸善根，是说明持戒修福之因。闻是章句起，至得如是无量福德，是说明持戒修福之果。世尊极力赞叹是人，正是鼓励吾人，发无上心，发大愿，起大行，而得无量福德。

又须菩提莫作是说起，至得如是无量福德，正为前明示科应如是降伏其心至则见如来作注解。上文是说其理，此则举出是人以证实之。须知惟持戒修福之人，方能如是生信，如是生净信，如是得无量福德。本经文义，处处相应，脉络贯通如此。

（癸）次，释显其故。分二：（子）初，正释；次，反显。

（子）初，正释。

"何以故？是诸众生，无复我相人相众生相寿者相。无法相，亦无非法相。

此是正面释生信得福之故。何以能生净信，何以能得无量福德,须是除却分别心方可。分别既除,正信自现,即龙树所说一切法不生惟般若生。是人虽未能般若完全现前,然已生净信,与如来心心相印,光光相照,即得无量福德,此正不容易。由分别妄想既除,乃能无复我相人相众生相寿者相。是诸众生句,包括甚广。上文一念生净信者,指程度最低者言。尚有多念相应,净念相继者,故云诸众生。无复二字之复字,应注意。言是人我执已空,不复再有。无法相二句,言是人无法执也。

四相由执我相而起。佛经说四相者,意义甚多,今举其与本经契合者,有广狭二义。狭义,即指执五蕴色身。此即我相。凡夫同病此执,一切忘不了,不但现在,还计及未来,死后或升天,或升大梵天。所谓补特加罗,因此起种种妄想,相宗称为遍计所执。未来与现在,是对待的,在对待一方面看,是人相。由此身起盛衰苦乐种种等,是众生相。再计五蕴色身,命根不断,是寿者相。此皆就自己五蕴上种种计度分别者也。广义,计我种种分别。对待即人。不止一人,即众生。此计相续不断,即寿者。一起执著,即有能执所执,能即我,所即人;种种分别,即众生相;能执所执不断,即寿者相。要知四相即从我见开出。开即四相,合即我相。世尊何以开出而说,有妙义在。我见即分别,执我即七识,起分别即六识,般若是正智,如要实相般若现前,非将六七识转移不可。六七识转,五识八识同转,故世尊屡说四相。四相空,即我执空,又名人空。

我相是从身上起执,法相是从法上起执。无法相,即法执空,亦名法空。非法即是无,即是空。亦无非法相,是空亦空,又名重空,又名俱空。般若显三空之理,以遣执为主。人我空后,又执法空,还是不可,故必重重遣之,连空亦要空。古人称为穷空到底,此与偏空大不同,故名胜义空,又名第一义空。

此释上科已生净信者,即能到三空。三空包含许多道理,其广无量,其深无底,普贤行愿所谓甚深教海也。依三空说无四相是我空,无法相是法空,无非法相是空空。其实即是除我法二执,无法相是空法执,无非法相亦是除法执,非法本无法。然却执不得,一执亦成非法执。故无法相之法执空,是第一重。亦无非法相之执亦空,是第二重。二者合来,皆是法执。与上文四相,却是我法二执对说。是人生净信,是我法二执俱遣。然我法二执,由分别而起者,是粗执。尚有俱生我法二执,从起心动念而来之细执,此名随眠,又名住地无明。是人但能除分别我法二执，未能除俱生我法二执也。

又含一种要义。分说是三空，合说是空我法二执。然又可以从空有二边说，非法相是空，属空边。我、法可并说，属有边。是人生净信，又能二边不著。有边名俗谛，空边名真谛。此中又含二谛。他经中佛说三谛，有第一义谛，般若遣执，只说二谛。要知遮照同时，即合中道，说二谛，实含三谛也。遣二边即双遮，双遮即双照。还须遮照同时。是人尚未至此程度，仅能二边不著，细玩经文可知。凡佛之说，皆彻首彻尾，彻始彻终，不可忽看。即上文生净信得无量福德，亦有浅有深。总而言之，是人但除粗执，未除细执。佛故愈说愈深，以明是人除执，尚是初步，更须加功。然是人至此，却不容易，只一念相应，已了不得。凡用功之人，常有此种境界，觉得心中空空洞洞，干干净净，有时至半月，或半年，皆是此种景象。须知此种功夫，所差尚远，不可自足。否则生二病，对于经义，则以深为浅；对于自己，却又以浅为深，殊不知尚远尚远！如本经所指是人，分别我执已除，贪嗔痴虽未去尽，已经很薄，还须再加功。吾人用功，即可自己审量，究竟与经上所说合否。说至此，因想古代有一段因缘。唐肃宗代宗父子，平定安禄山之乱，代宗极力宏扬佛法，密宗不空三藏，亦于是时来中国。佛教盛极一时。代宗有一日，与宗国师谈佛法，鱼朝恩在旁，即揍问佛说一切众生皆是佛，则无明如何而起？国师即云：汝不配此问。朝恩愠甚。然代宗在座，不敢作声，但怒形于色。宗国师即说：无明从此而起。吾人于此，可以试验。假如遇人来谤毁我，能否不生嗔。如遇色、声、香、味、触、法等，能否不起念？如遇贫乏时，今日饭亦无着，心中能否不愁？必行所无事，方可。否则即著我相、人相、众生相、寿者相矣。但若空空洞洞，固亦甚好。然不止于此，应当去行布施。六度万行，均要去做。若以空空洞洞了事，即著非法相。若自己有度生之心，即著法相。故知是人生净信，除却分别心，正是不易。所以如来悉知悉见，许其明同佛心，开了佛眼，得如是无量福德也。

此不但释上科。又回应明示一大科，因前文未说明，此处乃点醒之。所有一切众生之类，至我皆令入涅槃而灭度之，正合法相。实无众生得灭度者，正合非法相。若菩萨有我相、人相、众生相、寿者相，即非菩萨，即是无复我相、人相、众生相、寿者相。菩萨应无所住行于布施，即是舍，即破我，要吾人先空我相。不住于相，即不住种种相，即无法相。又以虚空四方上下为喻,即无非法相。若见诸相非相,则见如来,是二边双融。盖但见诸相即著有,但见非相即著空,见诸相非相,即二边双融,即无相无不相,得见实相,故云则见如来。见如来故得如是无量福德,即上文福德不可思量。佛意谓是人能明了我上文所说之法,持戒修福,能生净信,且以此为实,当然无我等四相,得如是无量福德。亦是鼓励吾人,欲修般若,应如是下手,不可落空,先将非法一面堵住,脚踏实地,躬行实践。法相、非法相,皆不著,是用功之要诀。

(子)次,反显。

"何以故？是诸众生,若心取相,则为著我人众生寿者。若取法相,即著我人众生寿者。何以故？若取非法相,即著我人众生寿者。

上科名正释者,是从正面释明何以为净信,及何以得无量福德,因其已见三空之理故也。无我人等相,人空也。一名我执空。无法相,法空也。一名法执空。无非法相,并空亦空也。一名俱空。是谓三空。由见三空,从此精进,净念相继,便证清净法身,故曰得无量福德。

此一科名曰反显者，是更从反面显其必应三空之故，以明丝毫著相，便是分别心，便非清净性。何以故？凡所有相，皆是虚妄故。所以著相便是逐妄，逐妄便迷却真性。真性既迷，依然是起惑造业苦报轮回的凡夫，何能得无量福德耶！

由此可知既已正释。更加反显的用意，无非欲令众生速速觉悟，依此经无住之旨，一面勤行六度，一面观照无相，发生净信，以期证得三空性体，超凡入圣耳。此是必须反显之总义。

然尚有别义，盖防读上文者起疑也。云何起疑？（一）我人等相，从身见起。身为苦本，不应著相，其理易明。法则不然，自度度他，必有其法。如布施六度，岂不明明有法。有法便有其法之相。今云无法相。法而无相，是法亦在若有若无之间矣。然则法相云何可无耶？（二）若有身见，势必分别人我。一有分别，势必造业受报。是故不应有身见，不应分别人我。而法本非身，其中哪有人我？即令于法上起分别，那便是分别人我。至于非法二字，无异空之别名。既名空，哪有相乎。然则何故将法与非法，与由身见而起之我人四相，相提并论，一概云无耶？为欲断此种种疑故，所以须从反面加以显明的说明也。

是诸众生，即指上来生净信，见三空的众生。若心取相的心字，要紧。须知心本无相，相字不必专指色身言，乃偏指一切境界相也。心本无相，若有一种相，便取著了境界。若取著境界之相，岂不是已经迷了自己的心么。这正是背觉合尘样子，所以成为凡夫者。因此更须知取著境相，是谁取之乎？并非他人，我也。可见心若取相，便成我相。而所取的相，是由能取的我而有，犹之人相是由我相而生，故所取之境，便成人相。所取之相，叠起丛生，便成众生相。其相不断，便成寿者相。由是言之，无论取著何相，便有能取、所取，丛生不断。故曰若心取相，则为著我人众生寿者也。则为者，犹言便是，言一取便著了。所以若取法相，亦即著在我人众寿四相之上。何云法不同身，其中无我耶！一取便有能所的分别，何得云法上分别，不是人我分别？

且由此可知上科所云无法相者，谓其不取著耳。非毕竟无法无相也。若毕竟无，是断灭相矣！至若非法固是空之别名。空原非相。然既取之，便有能取之我，所取之人，丛生不断，四相宛在。故曰若取非法相，即著我人众生寿者。尝见一种刻本，不知被谁删去若取非法相之上的何以故三字，以为本是一直说下，义意明显，有此三字，反令语气曲折，其义不明。嘉庆间有一刻本,虽不敢径删,但注其下云:某某注释及各正本,俱定为衍文云云。所云某某者,大都明清间人也。由此可证此经字句,多与古本不同者,虽不无传抄之误,亦实不免被浅见者妄加增删,真是可叹。幸而近今经本,又经明眼人将此句补入,然偏远处经本,尚有删去此句者,万不可从。

盖用此三字,含有精意,关系紧要,万不可少。有人云:是以"何以故"三字,跌起上义,使知若取非法,尚著四相,况取于法,此意尚浅。因若心取相则为云云,已释明其故了,何必更须跌起。然则其意云何?盖防不得意者,虽闻若取法相,即著我人众寿,然尚未明何以方为不取,见地未真,或致误取非法,而尚自以为是不取法也。因用"何以故"三字警问,使深思其故,不可误会。即接云:若取非法相,即著我人众生寿者。则知倘取非法,依然著相,无异乎取法者。将勿所谓不取法,并非毕竟不取耶?既非不取,而取又著相。可见不取者,乃令不取著相,会归于性耳。此意云何?便是广修六度万行,而心中若无其事,湛然凝寂,不为所动。即此便是不取法相的真实义。如此而行,既不著法,亦不著非法。便是二边不著,合乎中道矣。然则有此何以故一句,下文若取非法相两句，无异为上文若取法相两句作了注解。说法之妙，如是如是。若删去此三字，则语气平列，便不能显出此义矣。

须知有是即空而有，空非离有之空。故《心经》云：色即是空，空即是色。所以此经处处说不取著，却处处说不断灭。不断灭之言，虽在最末后点出，其实开首所说，无不含有不应断灭意在。如度生无度相，初不仅言实无众生得灭度者一句也。应无所住行于布施，其意尤显。而若见诸相非相，则见如来，更是结晶语。诸相非相，即明不取，取则只见相而不见性矣。惟其不取，故见相即非相，而会归于如来藏性，故曰见如来也。总之，相原无过，过在于取耳。所以若舍相而取无相，舍无相而取能无之无，取便成相，便障自性。可知但能不取，虽有相而无妨；苟或有取，虽无相而成障。初何必灭相见性哉。因是之故，所以独拣持戒修福为能信机。盖持戒修福，已不著空，以般若熏习之，慧解一开，于法不执。自然能不著有，而又不复著空，易合中道。视彼狂慧，相去天壤。故经论有言，宁可著有如须弥山，不可著空如芥子许。此明著有者易为功，著空者难施救耳。此中取字，正与下文舍字紧对。此中是明不取法者，非谓可取非法也。约意言之。下文则明法应舍者,非谓非法不应舍也。上下语意正同,皆含有不可离有谈空意。总之,二边皆不应取,即皆应舍。故下文即结以是故不应取法,不应取非法,仍指归中道也。

又用此"何以故"三字,更有一义。因上科无复我相乃至亦无非法相,是一直说下以明三空,已如前说。此科于若取法若取非法之间,用"何以故"隔开者,便是别明空有二边不著义,以引起下文是故两句也。若心取相两句,本是总论。不可取相,即谓兼指身相。而身相属有边,与法相同。非法相则属空边。其间若不隔开,而仍如前一直说下,则此义不显。而下文是故二字,便无著落,而承接不上矣。足见秦译之妙。

(壬)三,结显中道。分二:(癸)初,以双离结成;次,引筏喻显义。

(癸)初,以双离结成。

"是故不应取法,不应取非法。

是故之故,正承上文。因若取法非法相,即著我人众寿,故两边皆不应取也。亦与上无复云云相应。以不取则无相，无相方生净信，为如来知见，得无量福德耳。总之，佛之言此，正示以下手方法，先令二边不取，渐能空相，心地清净。由是而信而解而行，至于究竟，亦不过两边不著耳。盖由观照般若证实相般若，实相者，无相无不相，非两边不著乎。此之谓因赅果海，果彻因源。

（癸）次，引筏喻显义。

"以是义故，如来常说：汝等比丘，知我说法，如筏喻者。法尚应舍，何况非法。

以是之是，正承上文不应取法两句，亦远与无法相以下诸句相呼应。

筏喻者，如来常说之法也。盖说船筏原为过渡，既渡则舍筏。以喻佛法为度生死，生死未度，不可无法。既达彼岸，法亦无用，此以示法不可执之意。盖《阿含经》中，为弟子等常说者也。

法尚应舍句，即蹑筏喻来。亦兼指上文不应取法，即以引起下文何况非法。何况非法者，明其非法更应舍也，舍即不取。然舍意更深,不但不取而已。前已取者,今亦须舍。究竟言之,即不取二字,亦应舍也。

所以引常说之筏喻者,一面用今义显常说,复一面借常说显今义也。盖谓以此法与非法皆不应取之义,所以如来常为比丘说的筏喻,虽只说了舍法,须知是连非法一并舍的。何以故?法尚应舍,何况非法,其更应舍也,何待言哉。此显无小非大,是法平等,即是用今义显常说也。且以显明今义之两边不取,语虽平列。须知非法更应不取,方不致于著空。此是借常说显今义也。

此段经文,义蕴深微,不止如上所说。当知今义与常说,有最冲突的一点,必应了然者。盖常说是令法不需要了,则舍。而今为初发大心者说,乃是令于正需要时舍法是也。

有此大冲突,世尊防人执常说疑今义,或执今义疑常说,故万不能不引来,使学人因之洞明虽异而实同耳。

其疑云何。疑云:正需要时舍法,法舍岂非无法,无法将何以度?这不与常说相反了么?乃又言,不应取非法,究竟有法乎?无法乎?未度者,需要法乎?不需要法乎?

当知今说之义,乃是有无二边,俱不可著,所谓中道第一义。当知二边不著,便是二边双照。二边不著,固无所谓有法。而二边双照，则亦无所谓无法。且不著便是双照。可知正当无所谓有时，即复无所谓无。正当无所谓无时，何妨无所谓有。汝思之，深思之，究竟有法乎？无法乎？抑有即无，无即有乎？知此则知今义与常说，虽异实同矣。

虽然，佛引筏喻，专为常说今义的异同释疑乎？非也。其深意所在，实为防人执今义疑今义。其疑云何？诸君看出了么？请看是故不应取法两句，虽是结束上文，而与上文所说大有浅深。世尊恐人不明，生出障碍，所以引常说筏喻来显明耳。不然，是故两句已结束了，原可不必又引筏喻也。至于上面所说的二边不著云云，乃至究竟有法乎、无法乎一段。正是借常说显今义，以免于今义之浅深，起疑生障耳。然则当先明其浅深何在？

请看第一段说的，无复我相乃至亦无非法相，是说的无相。第二段，若心取相乃至若取非法相等，亦是说的不取相。至第三段，是故两句，乃是法与非法，一并不取，不止是不取相。此即与前两段，大大不同的所在，防人起疑生障者，正在于此。

你看第一段说了无相，因欲断人法相不可无，及非法本无相之疑。故说第二段取则著相，使知所谓无者，乃是令人不取，并非无法无相。且既取，便有相，故非法相亦不应取。复点醒不取法相，是以不取非法相为界限。俾得明了不是绝对不取法，乃是虽取六度等法修行，而心无其相。然后学人才不致于或偏空或偏有，才有正确的下手处。

须知般若妙法，下手便应彻底。云何彻底？直须法与非法，影子也不留才对。盖名曰法相、非法相，可知其是法之相，是非法之相。若取法、取非法，取则有相，尚得曰不取相乎。所以前后所说，理原一致，但语有浅深次第耳。所以必须说第三段是故两句，应当如是彻底不取，方为不取相。然后因心清净，才能证入清净法身之果。

问：如此说来，法是应舍的了。且又说了一句不应取非法，我也明了，这亦是用来为不应取法作界限的，使知法虽不取，断不可取了非法。但是如此一说，即依六度法修行而心无其相的办法，便不能适用了。何以故？此中不是说不取法相，明明说不应取法故。然则从何措手耶？答：世尊正为此故，所以要说第四句，显明出一个绝妙的办法也。

你看第四段中两句要紧的话："法尚应舍，何况非法。"这两句，无异于为是故两句作注解的。这正是指示学人曰：我不是叫你单不取法，是叫你连非法一起不取的啊。止不取法,那就变成无法,无法云何修行得度。若法与非法,一齐不取,这就是妙法啊。盖引筏喻来说者,因筏喻即是法也。所以一方面便是叫人领会常说之舍法,是连舍非法在内的。使知一并舍却,便是如来常说的筏喻之法。则今明明说是法与非法一齐不取,岂非即是所说之法乎。而一方面,又是叫人领会常说的筏喻,是说未度时不可无法,已度则舍之。使知今尚未度,何可无法。便不致误会不应取法是无法。况明明又说不应取非法,则更足证明法与非法,一齐不取,正是开示我们的妙法了。所以引筏喻者,正为显此。

问:如何一齐不取,正是妙法。这又把人弄糊涂了,如何便是妙法呢？当知第一义中,法与非法本不可说。且无所谓生死,无所谓涅槃。更无所谓度。即二边不著,二边双照,皆成剩语。直须剿绝情识,斩断葛藤。正当剿绝斩断时,开剖兀声,直下言语道断,心行处灭。则生灭灭已,便偏虚空皆成不动道场,遍虚空皆是净光明网,便与十方诸佛觌面了也。至此虽曰无所谓度,却已飞行绝迹的如是而度了。然后恍然即此无所谓度一句,亦是引人得度的妙法。敢问这剿绝斩断的工夫,虽欲不谓之法,何可得乎。而法非法皆不取,非即剿绝斩断乎。两边逼得紧紧的,起心动念,非著此即著彼,直使分别妄想无存身处,譬如剿匪,两面包抄,逼得匪无立足点,自然降伏矣。此是快刀斩乱麻的手段,故曰剿绝情识,斩断葛藤。这正是龙树菩萨说的一切法不生而般若生。般若正宗是无住。而两边不取,即是无住的铁板注脚。即此便是无上甚深微妙法。即经中所谓阿耨菩提法也。以此为本修因故,证阿耨菩提果。当可恍然,正与筏喻一样。不是无法可度,更不是未度舍法矣。汝乃疑将云何度?究竟度时有法无法?岂非梦呓。

问:佛何不说明不取便是法,而使人自领耶?答:此亦具有深旨。(一)不取本不是法,无以名之。假名为无法之法耳。如布施般若等,皆是假名。无以名之,姑名为法。岂实有其物乎。世出世法,莫不皆然。(二)正为众生处处著,故说两边不取,以治其病。倘以为此即妙法,便又住著了。此又不说明之苦心也。然世尊犹恐学人起心动念,不知不觉住著于此而起分别,则无明犹在,更须遣除。所以又说第二周即后半部。者,正为此事也。(三)虽不说明,防人彷徨无措,故引筏喻透些消息,俾真修者亦得藉以自领。当知凡事由自己领悟得来者有受用。何则?当其领悟时,即其得受用时也,比从外面由见闻得来的有益。所以古德说法,每不尽情吐露者因此,盖防塞人悟门也。

鄙人今番讲出,未免有违古训,深知罪过。然不得不讲者,亦有区区微意。因佛法久衰,一般人怕闻般若。一般谈般若的,往往走入歧途。而诸君又如此热心求法,若绝对不与稍稍点醒,亦复不能启人的真实悟门。且更有所恃而不恐者,有后半部经,很深切的对治此病,不必怕其闻而住之矣。且先在此处点醒,说至后半部方有张本。此下应劝一座不可缺席,以免前后不接。

说至此处,还有一事不能不供献。凡欲领悟经中的真实之义,惟在至诚恭敬的读。读熟了,常常观照其一段两段,或一句两句。观照即是思惟。然此思惟,与平常所谓研究大异其趣。平常的研究一种学问,是专以凡情推测,此则不然。虽亦不离文字,然切不可在文字上推敲。即推敲亦推敲不出。必须扫尽一切杂念,澄心静虑的,将一个心,全注在其上。不在文字上推敲,便是不取非法。却将全神注在这经上,便是不取法。这个便是修定。久而久之,于一念不生时,性光发现。经中真实道理,自然涌现。这个就是思惟修,才是受持,才能领悟。所以说领悟时,即是得有受用时。读经要这样读法,定慧二学,便一齐修了。还要多多忏悔,求三宝加被。不然，恐或障重，不但不能领悟，即观照亦做不好了。此下须说两边不取，不是不行布施等度。

问：两边不取，即是般若法门。则布施等法，将可不行乎？误矣，不行布施等，是取非法矣。须知般若是布施五度之母。般若生则五度即随之而益生。其行之也愈妙。以般若观智行五度，则五度皆是波罗蜜矣。

凡举一法，皆有四句差别。或曰有，或曰无即是空，或曰亦有亦无，或曰非有非无。甚深般若，四句俱遣。所谓离四句，绝百非，是也。百非不外四句。因自性清净，不染纤尘，故应一切俱非。而此中四段，正是离四句也。

第一段，是以无遣有。著有则成凡夫，故须以无遣之。第二段，是说亦有亦无，以遣偏无。行，六度法，存有也。心无其相，存无也。偏无，防堕断灭。第三段，是说非有非无，以遣亦有亦无。因亦有亦无，不免存有二边。故以二边皆不应取，即是取有亦非、取无亦非。则二边不致隔别，而相融矣。至第四段，法尚应舍之法，指六度等法言。何况非法之非法，指非有非无之法言。盖以一切法不生而般若生之义，所谓二边不取，是贯彻到底。故正度时，先从亦有亦无入手，以达非有非无。既得灭度，则不但亦有亦无法舍了，当然并非有非无法一齐舍却，方成诸法一如之如来。此固诸佛如来所常说也。如我世尊然，穿衣吃饭，示同凡夫，声音相好，俨然具足。至此则生死涅槃，二皆不住。有乎、无乎、亦有亦无乎、非有非无乎，四句皆不可说矣。

不应取法，不应取非法两句，为最要语。上面诸说，皆是两边不取也。故此两句，无异为上文之结词。筏喻一段，亦是显明此两句即是妙法，所谓阿耨菩提法也。应详说之。

如上说，法所谓无可说中方便而说的第一义悉檀也。此经所说，皆第一义悉檀。故讲者亦不得不如是而说。然佛圆音一演，无义不赅。无论作何种说，皆得。上说甚高，亦无妨依为人悉檀说之。为人者，对机是也，经云：此经为发大乘者说，为发最上乘者说。如是之机，所以为之顿说。如云：无我人四相，此说我空法，为度我执。又云：无法相，不应取法，法尚应舍。此说法空之法，为度法执也。又云：亦无非法相，不应取非法，何况非法。此说空空之法，为度空执也。说法甚多，云何疑其无法将云何度耶？须知是说无我人等相，非无我人等也。是说无法相，无非法相，非毕竟无法与非法也。总之，曰无，曰不取，曰舍，但为遣执，非舍其法。三执既遣，则三空齐朗，三障圆销。方且生死涅槃，两皆不住。尚何此岸之不度,彼岸之不登乎。更依对治悉檀说之。对治者,对症下药,医其病也。经云:众生病在处处著。故佛对有说空,对空说有,无非为对众生治其偏著之病。一有偏著,便与性体不应,便是背觉合尘,便致业障丛生,受苦无尽。故须对治也。如此中云应舍法,复云更应舍非法。舍即不取,亦即无相,取意而言,不尽依文。则知所谓舍法者,乃舍其著有之病耳。又如既云舍非法,却并云舍法,则知所谓舍非法者,亦舍其著空之病耳。病除,则有成妙有,空是真空。须知云妙有者,明其有而不有,故妙有即是真空。云真空者,明其空而不空,故真空即是妙有。由是言之,可知下手便令二边不取者,正为令得二边双照。双照者,便是惺惺寂寂,寂寂惺惺,所谓寂照同时。同时者,即是寂而常照,照而常寂,便是寂照真如三昧,便是佛境界。到此地位,岂但灭烦恼障,亦灭所知障了。岂但度分段生死,亦度变易生死了。此之谓皆令人无余涅槃而灭度之。可知此中所说皆是极圆极顿,直令成佛的无上妙法。无论修何行门,如能领会此中义意而行,成就必速且高。且其法直捷了当,说难亦并不难。诸位善知识,佛法难闻竟得闻,佛恩难报终须报,惟在吾人直下承当耳。

(壬)四,问释证成。分三:(癸)初,举如来果德问;次,以法不可执释;三,引一切无为证。

(癸)初,举如来果德问。

"须菩提!于意云何?如来得阿耨多罗三藐三菩提耶?如来有所说法耶?"

此问释证成一段,又是释明不应取两句之所以然,如何为两边不取?及为何须两边不取?而举果地证成因地,以明须因果一致也。故世尊举极果问须菩提,释明之后,复举一切贤圣证也。一切贤圣,望极果为因,而望初发心人则为果也。分三小段。经中语句,往往言在此而意在彼。眼光四射,八面玲珑。即如此中问语,观两"耶"字,明明言中含有无得无说。然而若曰无得说,则取非法了也,若曰有得说,又取法了也。今举此问,即是试探闻法者,究竟于两边不取之真实义,能否领解耳。

本经凡安"于意云何"四字,浅言之,则是试探听法之人,对以上所说,能否明了。深言之,即指示我们读诵之人,莫要错会佛意,于以下所说之话,要深深体会,方是正知正见,否则不合佛意。佛问语称如来,须菩提答中却有一切贤圣,可见此不应取法,不应取非法,无论成贤成圣成如来,皆非从此法门不可。如来两句,紧跟不应取法二句而来。骤看之,"得"字似乎有得。"有所说"似乎有说。佛意明明谓如来对于他所说之法,心中有所说否。此法正指阿耨多罗三藐三菩提。如来为何说法,即为一切众生证得无上菩提,方成如来,当然有得。问中两"耶"字,表面是法,内中即含有非法在,盖恐粗心者有所误会,要须菩提来解释。不但试探听众,对于二边不著之义,能明与否。且指示我们用功,非从二边不著下手不可。

粗心者即疑佛在菩提树下成道,岂不是得果?四十九年说法,岂不是法?如何叫我们初发心人不应取法?一经须菩提解释:"世尊无得而得,无说而说。"此疑即解。进一层言,不说世尊得阿耨多罗三藐三菩提,亦不说佛,而说如来。如来是法身,是性德。佛性人人有之,特凡夫藏在无明壳耳。故说此二句,是叫我们证性。性上岂有所得耶!岂有所说耶!

(癸)次,以法不可执释。分二:(子)初,明无定法;次,释应双非。

(子)初,明无定法。

须菩提言："如我解佛所说义,无有定法,名阿耨多罗三藐三菩提;亦无有定法,如来可说。

此答极圆极妙。看似所答非所问。世尊就能得之人,能说之人,一边问。长老却就所得,所说,一边答。问是一边,答是一边,最为圆妙。意谓你老人家问如来有所得有所说。我尚未成佛,那里知道。故我不过就所说之法一边,且依佛向来所说之义略解之。如此一来,占住身分。我既未证得佛,当然不能知道。但就世尊教导之理,去领会之,当不致误也。长老此说,一方面为自己设想,一方面开示我们。世尊说此二句,极为紧要,应依照长老之旨,前去领会。

长老答中,不说如来而说佛,大有深意。盖谓善男子、善女人等,欲证无上菩提,应依照已证得果位之佛去做也。无有定法,即法无有定。简单言之,即法不可执著,亦无有定法,即为法不可执作注解。

阿耨多罗三藐三菩提,尚无有一定之法可名,答上文所问之有所得有所说之意已明。法尚无定名,何况有得?更何况有所说?佛对发菩提心之善男子、善女人,何以不说无上菩提,而说应行于布施。可见一切法外,无有阿耨多罗三藐三菩提,故无有定法,说法皆是方便,故亦无定法可说。

(子)次,释应双非。

"何以故?如来所说法,皆不可取,不可说,非法,非非法。

双非者,即非法、非非法,即双离,亦即双遮,谓皆非也。长老此数语,圆妙之极,可作种种解释。佛经文句,应作面面观,佛自言我说法穷劫不尽,何况我们凡夫,可不从多面去领会耶。无定法,亦无定法可说,即就上文阿耨多罗三藐三菩提悟得。长老自谓我何以悟得无定法,亦无定法可说耶。因为如来所说之法,即无上觉,即究竟觉。究竟觉即无念,何以故?经中说离微细念故,照见心性,名究竟觉,可见究竟觉即无念。无念如何可取,心中一动方可取故。能取所取,皆要不得,故云皆不可取。世尊要指示我们修行,故旁敲侧击,勉强而说。而般若心性,离言说相,了无能说所说,故云皆不可说。我们若执为真有阿耨多罗三藐三菩提可证,是错了,故云非法。然若执为没有阿耨多罗三藐三菩提,那又错了,故云非非法。

又如来所说法之法字，乃指一切法而言。盖一切法，即阿耨多罗三藐三菩提也。如来所说法，叫我们不可取。然明明又说许多法，叫我们不可取非法。所以我们听法的人，法与非法，皆不可取。是知说法之人，亦不得已而说，对机而说。既然法无有定，可见执法不是。但是明明说法，可见执非法亦不是。非法非非法二句，正是不应取法不应取非法之注解。何以不应取法？因非法故；何以不应取非法？因非非法故。非法非非法，又可倒转观之。若云如来所说非法非非法，皆不可取，不可说。

长老谓亦无有定法如来可说。特提如来二字者，如来是法身。法身无相，那有可说。含应化身有相可说之意，故云无有定法。无有定法者，既不可执定有法可说，亦不可执定无法可说之谓也。法身是性，性是大圆觉海，无量无边。一切众生及诸菩萨等，就性上说，皆是一真法界。故世尊之说法，自大圆觉海中，自在流出。我们要证到大圆觉海，应先离心缘相，如何可取？又要离言说相，如何可说？离言说相，正是言语道断。离心缘相，正是心行处灭。既然心行处灭，言语道断，如何可去分别？故云非法、非非法。

前说无念，正要离分别心。故云不应取法，不应取非法。世尊证得法身如来。虽有所得，并无所得。虽有所说，并无所说。要双照，先得双离。世尊所问二语，即含有此意。若谓法身尚有所得耶？法身尚有所说耶？如来之所以称如来，是先离分别。汝等在因地修行，亦应先离分别，何可存有所得、有所说之见耶？

（癸）三，引一切无为证。

"所以者何？一切贤圣，皆以无为法而有差别。"

所以者何，即指出为何两边皆要非之所以然。一切贤圣皆用此双非之法，我们凡夫，何可不用。十住、十行、十回向，四加行，为贤；初地至等觉为圣；如来极圣。故云一切。无为即涅槃。涅槃，梵语具足曰般涅槃，译为寂灭，或不生不灭。罗什就中国旧名，译作无为。唐玄奘三藏不赞成用旧名，以旧名与梵语原意不尽同，故彼所译名词，皆系新造，以免读者误会。此处无为，是不生不灭。与老子纯顺自然不造作之无为不同。用新译固宜。但玄奘于不至误会者，亦新造许多名词,吾人亦不赞成。

无为者,指自性清净之心,原来具足,无造作相。佛经上无修无证,即指此而言。只要把生灭心灭了,此寂灭即现前。至修行下手,即上文非法非非法,两边不取。必两边不取,将分别妄想除尽方可。故成贤成圣,皆用此法。贤圣大有差别,望于如来是因地,望于凡夫即果位。又后后望于前前皆是果,前前望于后后皆是因。故云一切。贤圣由此无为取证,故云皆以。如来亦然。如来凡有所说,皆依自证无为,不可谓其非法。然贤圣有差别,浅深地位不同,是知如来凡有所说,皆随顺机宜,方便非真,不可谓其非非法。

世尊所说法,无浅非深,无深非浅。故教初下手者,即从不应取法、不应取非法用功。到感果时,功候极深,亦是此法。我们应在起心动念上下手,先观无念。能在念一动时,便知道,立即返观。即能照住,念即无,然此非用功久者不能。故初步须观察,观察不可不深思惟,深思惟,则观此许多念头,从哪里起的?一观即起无所起,本来虚妄;再起,再观。反复用功,即能照住,即能无念。此一科,达天法师判为生信,深为确当。盖经文中能生信心,以此为实;及一念生净信,明明讲信也。如来依此法成如来,一切贤圣皆依此法而成,则我们非如此能生信心,以此为实不可。

(辛)三,校胜。分四:(壬)初,布施福多。分二:(癸)初,举事设问;次,答释所以。

(癸)初,举事设问。

"须菩提!于意云何?若人满三千大千世界七宝以用布施,是人所得福德,宁为多不?"

校是比校,胜是殊胜。即就福德,以智慧来比校。有人说,此经佛教人不住相,又何以处处以福德比校?此有四种要义:

(一)要人明了福慧应双修。专修慧不修福,却不可。假如讲经说法,原为度生。而众生偏不喜听汝之说,即缺少福德之故。故福德甚要紧。福慧双修,即是要人悲智具足。智即慧,悲即福。诸佛如来,皆以大悲心为体。因于众生而起大悲,故大乘佛法,建立在众生分上。观《普贤行愿品》,即知普贤之愿,是大悲所发。中有一段云:"或复有人,以深信心,于此大愿,受持读诵,乃至书写一四句偈,速能灭除五无间业。又说速得成就微妙色身,具三十二大丈夫相。"是知众生如能圆满普贤功德,即能灭罪得福。而修普贤行愿,先要发大悲心。故悲即是福。本经所说福德,皆由大悲而发,并非令人求人天福报也。

(二)福德如此重要,宜发大悲心。然若无智慧,则菩萨道不能行。故大智尤为重要。古人云,福慧二轮。可见如来必有两轮,方能行化。然两轮之力,如左右手,以右方为重。福德固要,而智慧尤要。故满三千大千世界七宝布施,不如受持四句偈,为他人说也。

(三)借此校胜即将前文收束。佛说法虽一往之谈,中间必处处收束。此经校胜处,即章句收束处。

(四)本经校胜多次,每次必加胜,愈校愈胜。并非后文深于前文,相差如此之远。乃就众生而言,指其功行愈胜,福德愈多也。

若者,设问之词。不必真有此事此人。满三千大千世界七宝布施,在经上,是大梵天王宿世因中,即如此布施。不是一世,乃多生多世布施,积聚起来,有此之多。佛言倘若有此人,则当时并无此人可知。

佛经上说世界上极大之山,曰须弥山,亦称须弥楼,译言妙高。此山入海八万由旬,出海八万由旬,一由旬合中国四十里，故极高。此山非土石所成，乃金银琉璃玻璃四宝所成，故曰妙。围绕此山有大海，名香水海。周围又有海有山，共七重，曰七香海，七金山。此外又有大海，曰咸水海。周围有大山，曰大铁围山。山外更有四大洲。四大洲之一，即我们所居之南赡部洲。世人以地球之四洲，当佛经之四洲，误也。此四大洲，亦称四天下，在须弥山之半。欲天六重，与人道最近者，为四天王天。其宫殿即在须弥山半。四天王统领人道鬼道。稽察人间善恶，即其责任。其上为忉利天，此天亦不在虚空，即在须弥山顶。道教之玉皇，儒教之昊天上帝，即此天，自四天王以及六道，均归此天所管。再上四重天，即在虚空。欲界以上之色界，有十八重天。分初禅，二禅，三禅，四禅。升此天者，不仅是福德，须具有定力。已无淫欲，但尚有色质。故称色界。升初禅者，不必修佛门之定，即外道之定，亦能升此天，如道教之大罗天。亦是初禅，佛教之修定未出三界者，亦寄于此天。故统名曰禅。初禅之大梵天王，其权高于释提桓因。释提管一四天下，大梵王则管三千大千世界。释迦所化之娑婆世界，亦如此之大。每佛所管之世界均如是，不过有净秽之不同。即极乐世界，亦如是之大。但其土是平。是七宝所成。与此土人心险恶所感之凹凸不平悬殊。众生所修福德大,即感七宝多。所修福德小,即感七宝隐。此金银琉璃玻璃砗磲玛瑙赤珠,皆非现在人工所造。此人以满三千大千世界七宝施给众生,亦非人力所及。宁为犹言可谓。世尊问语,极其善巧。不但试探须菩提,并探我等,盖恐我们误会上文不住相之意,以为既不住相,何必要福德。须知此人满三千大千世界之布施,即是救度众生。故只可不住相,不可不行布施。否则即不是大悲心。

(癸)次,答释所以。

须菩提言:"甚多,世尊!何以故?是福德,即非福德性,是故如来说福德多。"

此答意味深长。须菩提明了世尊之意,故云甚多。又恐人不了解前此明明说不住相,此忽云甚多,斤斤较量,岂非住相耶。"何以故"下,即自己释明答曰甚多之所以然。本经是名即非之文句颇多。此处乃是第一次见,故语意较详。特举出"性"字,使人了解以后凡说即非,皆指性言。是故说犹言是名,使人了解以后凡说是名,皆指相言。就相上说,名是名字相,言是言说相。凡物之大小、长短、高低、远近、表里,有对待者皆是相。相有变动,是虚妄。性则不动,是空寂。故就性上言,一切不可说。须菩提意谓若是福德之相可以说多,即非福德之性。若是福德之性,空空寂寂,即福德二字,亦安不上,哪里有多少可说。以下凡遇即非是名,皆如此解。此处特加如来二字,如来是性体之称。说福德多,是就相言。何故举如来,此含要义。盖性是里,相是表。性是本,相是末。有里方有表,有本方有末。意谓有如来之性,方有福德可说。若无性,则有何福德可言。是福德即非福德性,表面说是福德,实指示我们不可著相。是故如来说福德多,就是说有是性,方有是相,令我们会相归性。

(壬)次,信经殊胜。

"若复有人,于此经中,受持乃至四句偈等,为他人说,其福胜彼。

此科是佛语,应有佛言或须菩提字样,今略之。若复之复字,再也。读者或致误会,以为读诵《金刚经》,其福即胜过大梵天王。实则应注意受持二字。是人能受持此经,又能布施,方胜过于彼。受是领纳,是指真能领会经义,而得受用者，比解字更进一层。持即拳拳服膺一刻不放松之意，比受字又进一层。既受持，无有不读诵者，故只用受持二字。乃至者，超略之词。谓或全部受持，或一部分受持，最少则四句，故置等字。偈，字书本音杰，古德改读去声，与解字一例。此本是印度之诗，因韵文难翻，故翻译时，或有韵，或无韵，特改称为偈诵。印度原文，每四句为一章。此四句偈，不指定经中某处四句，任何四句，均可称之。以上是自利。下文为他人说，是利他。其字即指持说之福。胜彼者，超过前人，彼只做到布施，且是财施，是福德相。是人既能受持以修慧，又能为法施以修福。福慧双修，悲智具足，乃是福德性，故胜过于彼也。

（壬）三，释成经功。

"何以故？须菩提！一切诸佛，及诸佛阿耨多罗三藐三菩提法，皆从此经出。

佛在《大般若经》说过，无论一切法，皆在般若中摄尽。故般若在诸经中为最要，而《金刚经》尤般若中之最要。凡《大般若经》中要义此经皆备。可见读此经，无异读《大般若经》，且无异读三藏十二部经。此一部经所说，即无上正等之法。故云一切诸佛，及诸佛阿耨多罗三藐三菩提法，皆从此经出。一切诸佛者，能证人也。阿耨菩提者，所证法也。照此看来，成佛法门在此经，成佛亦在此经，是人能受持此成佛法门，布施此成佛法门，故福德穷劫说之不尽，岂三千大千世界七宝之布施，可以比拟。此是本经第一次比较，举出大梵天王故事，正是铢两悉称。盖彼是成大梵天王之布施，此是成佛之布施。佛所管领，亦是三千大千世界。以彼比此，可为恰当。然大梵天王犹是凡夫，佛是圣人，是教主。焉能为比。况大梵天王，尚不能免大三灾耶。

尚有要义，本经处处教人不住相，就要人证性。可见此经中所说者，皆是性。皆从此经出者，实无异说此经从性体而出也，从性体出，故教人不可住相。凡人之病，是处处著。不著于此，即著于彼。本经处处教人见性。然经中性字，除即非福德性之性字外，别处不见。盖要人善自体会，连性字亦不可执著也。一切诸佛，皆从此经出，又是指点我们学佛，要从此经入。

此校胜收束的示无住以生信一科，最为适当。盖信心是入道之门也。

（壬）四，结归离相。

"须菩提！所谓佛法者，即非佛法。

清初有人在即非佛法下，加是名佛法一句，是大错。不用是名，单说即非，乃有深意，何可妄加。此处不加是名句，是为上文作注解。若加此句，文体既不合，意义亦不对。凡加是名一句，是开下文。此处所谓佛、法，佛即指上文一切诸佛，法即指上文诸佛阿耨多罗三藐三菩提法。佛意谓我上面所说一切诸佛，及诸佛阿耨多罗三藐三菩提法，是就名相上说佛与法，即非就性上说佛与法。本经明明教人不要住相，即上文所说一切诸佛二句，亦不可著相。若一著相，即非诸佛阿耨多罗三藐三菩提法。如此结束，于上文不住相行于布施，不取法，不取非法之意义，皆圆满矣。

上来的示无住以生信一科，开口便令广度众生成佛，入无馀涅槃，即成佛也。是开示吾人应无住我人等相也。复曰，实无众生得灭度者，是应无住法相也。更曰，于一切法无住而行布施等法，是应无住非法相也。因以不住于相四字总结之。

203

不住于相者，无住之真诠也。所以应无住者，降伏其妄心也。妄心即是识，亦即分别。妄心非他，分别著相之谓耳。然问中先住后降，答中却先降伏后住。而答住时，却曰应无所住。又曰：但应如所教住。而所教乃是无住。岂非应住于无所住乎，此又的示以但须除妄，莫更觅真耳。盖妄除，则真自现矣。且真如之性，如如平等。若住于真，便成执异。执则成妄，何真之有。异非平等，何如之有。故但应以无住降妄，即此便是正住，岂可别求住处。妄除一分，真便现一分，何须别觅真耶。故接而言曰，凡所有相，皆是虚妄。此明住相之过。苟住于相，便是逐妄。此所以首言降伏也。又曰：若见诸相非相，则见如来。此明不住相之益。若能不住法、非法相，便见真性。此所以但言降不言住，而降伏即是正住也。如此开示，的然显然。故以上诸文，俱归一小科，标名曰明示者，以此。

明示若此者，所以令人生信也，故接以生信一小科。此中独拣持戒修福为能生信，尤具精深义趣。略言之有三。

（一）般若此云正智慧，而慧从定生，定由戒成。今欲开其正智，必应持戒。不然，正智不生，反成狂慧，走入邪路，危险已极。福慧二轮，不可缺一。二轮并运，方成两足之尊。

若慧多福少,则缺少大悲,不能摄化众生矣。故修般若正智,不能离布施等度而别修。故经中开首即云广度众生,又云于法无住而行布施。以离福修慧,既与众生无缘,相好亦不具足。欲化众生,众生亦不听其教化也。此吾人必应知之者。

(二)持戒,则少欲知足。修福,必深信因果。今修观照般若,若贪欲多,何能离相!若因果不明,又易偏入断灭相。经曰:持戒修福者,能生信心。即是的示吾人应持戒修福,乃能入般若之门耳。信为入道之门故。其警诫之意,深矣切矣。此更吾人必应知之者,总之持戒修福,已无非法相矣。故依经观照人空法空,决不致走入歧途。果能一念相应,便契三空之理。所谓无我人等相,无法相,亦无非法相,是也。

所谓无者,并非顽空,乃不取相之谓。不取二字,又是不住于相之真诠。而欲不取相,应不取法,不取非法。取法便成法相,即著于有矣。取非法,便成非法相,又著于空矣。空有不著,便是中道第一义,便是阿耨多罗三藐三菩提法。譬如船筏,度时仗此法,度了还应舍。是故虽已成佛,虽如佛之说法度生,亦得而不有其所得,说而不有其所说。不能定执为有法,定执为无法,故曰:无有定法。此四字,又是不取法,不取非法之真诠也。以明因其无定,故不应取。所谓不取者，不执云耳。总之，佛所说法，本来皆不可取，皆不可说。须于心行处灭，言语道断时，契入。故取法说法，取非法说非法，皆非也。是之谓无为。涅槃，希贤希圣，无不由之。明得此真实义，便为实信。一念相应，便得无量福德。以一念相应，是净念相继之根也。

云何福德无量，复以校胜一小科明其所以然。所谓诸佛，及诸佛无上菩提，皆从此经出，是也。此是说明一切佛、一切佛法，皆不外此经无住之理。若实信此理，一念清净，便可直至阿耨多罗三藐三菩提，福德岂非无量乎。然不可因闻此语，向文字中求之。须依经中所明之理，返照自性，自性空寂，并无佛字法字，果能久久观照，证入空寂之性，便是成就了无上菩提，便是成佛。然佛虽成佛，终不自以为有少法可得。无少法可得者，不自以为成佛也。故曰所谓佛法者，即非佛法。彻始彻终，一以贯之曰：无住而已矣。因赅果海，果彻因源，如是如是。

以上为第一科之要旨，开示无住，亦既详且尽矣。我世尊大慈大悲，欲人大开圆解，复将无住的义趣，层层推进而阐明之。以期解慧开，则信根成就，修功亦因而增长。庶几乎由观行而相似，而行证，以达究竟耳。